LIDERANÇA MODO ON

COMO TRANSFORMAR O MINDSET DA LIDERANÇA

DAMARIS ALFREDO

CB037643

São Paulo, 2019
www.dvseditora.com.br

LIDERANÇA MODO ON
COMO TRANSFORMAR O MINDSET DA LIDERANÇA

Revisão: Maria Regina Sargiolato

Dados Internacionais de Catalogação na Publicação (CIP)
(Câmara Brasileira do Livro, SP, Brasil)

Alfredo, Damaris
    Liderança modo on : como transformar o mindset da liderança / Damaris Alfredo. -- São Paulo : DVS Editora, 2019.

    ISBN 978-85-8289-229-9

    1. Autoconhecimento 2. Autodesenvolvimento 3. Desenvolvimento organizacional 4. Desenvolvimento pessoal 5. Liderança 6. Líderes 7. Transformação I. Título.

19-31243   CDD-650.13

Índices para catálogo sistemático:

    1. Liderança : Desenvolvimento pessoal : Administração   650.13

Cibele Maria Dias - Bibliotecária - CRB-8/9427

PAPO RETO,
OLHO NO OLHO

Conheci Damaris nos corredores do principal congresso do setor de treinamento e desenvolvimento do país. À época, garimpávamos aprendizados entre as inúmeras opções disponíveis na grade e, desde então, estabelecemos uma amizade sustentada em respeito, apoio mútuo, indicações e uma admiração crescente.

Interioranos que somos, transitamos por um terreno no setor de desenvolvimento organizacional onde a realidade é um pouco 'mais real' que aquela embalada à vácuo pelo marketing abundante das mega-convenções de produtos mega-midiáticos, realizadas em mega-*resorts*, em que são tiradas uma mega quantidade de fotos e onde se vislumbram mega-metas, que, contrariando essa quantidade toda de 'megas', nem sempre são atingidas. Metas gritadas por líderes extravagantes que, muitas vezes na empolgação do 'sangue no olho e faca na caveira', passam ao largo da realidade daqueles que trabalham por atingi-las, aquela massa uniformizada e anônima, da qual mantém uma providencial distância.

Transitamos boa parte de nosso tempo no auxílio à organizações que prosperam em silêncio, atuando em setores críticos e de maior complexidade. Empresas cuja presença na mídia é desnecessária e, muitas vezes, completamente dispensável, tanto pelos colaboradores, quanto para seus mercados. São organizações que a cada novo dia convencem-se que o fator crítico essencial para que seus objetivos sejam atingidos reside na qualidade das pessoas e das suas lideranças, que normalmente pisam o mesmo chão e dividem o mesmo oxigênio. Um chão em que metas, métricas, métodos e monitoramento ajudam a manter tangíveis os seus valores e o seu propósito, na árdua tarefa de construir e manter uma cultura organizacional saudável.

É neste ponto que o livro da Damaris torna-se leitura essencial. Ele nos ajuda a compreender as armadilhas silenciosas que ameaçam e os atalhos que favorecem o desenvolvimento da liderança, não apenas no sentido do conduzir outras pessoas, mas essencialmente no exercício humilde de liderar inicialmente a si mesmo.

Ao 'conversar' conosco durante a leitura, *Liderança Modo On* nos conduz através de uma série de reflexões que, sem escapatória e auto-complacência e abundante em lucidez propositiva, nos obriga a um olhar sem véus sobre quem somos e o que estamos querendo ser neste terreno tão rico que é o da Liderança, assim como a influência e a inspiração que ela desperta em outras pessoas quando bem desenvolvida.

Damaris faz isso do jeito mais saboroso: através de um bate-papo. Verdadeira prosa que só aqueles que carregam nos 'erres' como a gente são capazes de prover. Conversa rica, que entrelaça muita pesquisa, ricas referências e aprendizados acumulados ao longo de mais de uma década desenvolvendo equipes e líderes, temperada com deliciosos 'causos' pessoais. Uma narrativa que, ao mesmo tempo em que conduz o leitor por uma trilha segura de aprendizado, não deixa de provocar nele um saudável desconforto do tipo:

– Sim, é com você que estou falando, não se faça de desentendido!

Damaris é das minhas. Não sai de casa com a pretensão de motivar, mas sim de incomodar. De provocar uma providencial taquicardia naqueles com quem interage. Ela sabe que é desse incômodo que nasce uma motivação mais consistente e realizadora do que aquela que costuma evaporar no caminho que se percorre entre o final da palestra e o portão de casa, dado o discurso rasteiro que transborda pensamento positivo, mas deixa de lado o sentimento efetivo e a atitude proativa.

Eu confesso: ser convidado para prefaciar este livro foi algo que me deixou bastante lisonjeado, orgulhoso, pra não dizer metido à besta. Eu só não imaginava que aprenderia tanto durante a leitura.

A você, Damaris, meu muito obrigado. Numa menor proporção pelo convite e, noutra muito maior, pelo papo reto e olho-no-olho proporcionado através do seu texto, que me colocou no meu devido lugar: o de aprendiz.

E a você, que tem essa rica obra em mãos, meu profundo desejo de que permita-se virar a chave e colocar sua liderança definitivamente em modo on. Garanto que vai valer a pena.

Eduardo Zugaib
Profissional de Comunicação e Desenvolvimento de Liderança, escritor e palestrante. Autor dos livros: *Revolução do Pouquinho*, *O Fantástico Significado da palavra Significado* e *Humor de Segunda a Sexta*. Head-trainer da Academia da Atitude – Escola de Protagonismo.

SUMÁRIO

ESTAMOS TODOS CONECTADOS

1

Seja bem sincero comigo, quem é a pessoa a quem você diz bom dia assim que acorda?

Eu ainda não o conheço o suficiente, mas posso apostar que, assim como a maioria, a primeira coisa que recebe a sua atenção pela manhã é o seu celular. Acertei?

Aposto que sim.

Isso porque, desde a hora em que acordamos até a hora em que vamos dormir, estamos todos conectados; boa parte de nosso tempo está voltado para esse pequeno aparelho que parece que se tornou a extensão das nossas mãos.

A tecnologia facilitou a forma de nos comunicarmos, podemos dizer que facilitou a nossa forma de viver. Hoje, tudo parece estar nas pontas dos dedos. Conseguimos saber, em tempo real, tudo o que acontece no mundo, o que queremos e até mesmo o que não queremos; as informações, simplesmente, chegam até nós.

Pela primeira vez na história da Humanidade, conseguimos nos tornar um *SER INTEGRAL*. Já não há mais distinção entre a vida pessoal e a profissional, pois conseguimos, no trabalho, resolver assuntos particulares e estar, em um momento de lazer com a nossa família, resolvendo assuntos profissionais. Estamos vivendo conectados, pagando um preço alto para isso.

Domingo é dia de Descanso
Programa Sílvio Santos

Você se lembra do que costumava fazer, em uma tarde de domingo, há, exatamente, dez anos?

Lembrou-se? Vou ser sincera com você, eu costumava não fazer nada. E como era bom.

Geralmente, almoçava, deitava-me, no sofá, com a intenção de assistir a um filme (aos mesmos filmes de sempre), dois minutos depois, eu me embalava em um sono gostoso, acordava, assistia a mais dois minutos de filme e voltava a dormir. Às 16 horas, mais ou menos, levantava-me, tomava um café, voltava para o sofá e embarcava na programação da TV até o final do dia. Não fazia nada. Domingo, literalmente, era *dia de descanso, dia de programa do Sílvio Santos*. E eu era feliz por isso.

Acredito que boa parte das pessoas faziam essa programação no domingo: não fazer nada. E hoje?

Você acorda feliz e decide que não fará nada, em seu dia, afinal, domingos foram feitos para descanso, por isso ficará "de boa", sentindo-se bem consigo mesma.

Depois, almoça, deita-se, no sofá, pega o celular, vê que aquela amiga da pré-escola (Porque agora temos acesso à vida de todos, inclusive à daqueles que deveríamos ter perdido pelo fluxo natural da vida), acabou de postar que está, em Cancun, fazendo um passeio com os golfinhos. Você espera mais um pouco, dá um giro pelas redes e descobre que aquela amiga loira, alta, magra, simpática, com aquele namorado de dar inveja ao *Brad Pitt* estão esquiando no Chile. Mais uma rápida olhada, nas redes, e descobre que aquele amigo que fez o ensino médio com você, além de estar trabalhando em uma multinacional, está de férias em Nova York.

E você? Você estava feliz com a sua vida, feliz por estar em casa, em um domingo, e poder descansar, mas, no exato momento em que viu as *imagens* (Porque é isso que vemos nas redes sociais) das vidas das outras pessoas, começa a questionar a sua própria existência. Parece que a vida de todo mundo se transformou, menos a sua, que todo mundo progrediu, menos você. Sem ao menos perceber, entra em um estado de menos valia e aquela sensação de felicidade que estava sentindo vai embora, em menos de cinco minutos, e passa a dar lugar a um estado de depressão.

Isso já aconteceu com você?

Toda essa situação se transforma em um ciclo pernicioso, altamente prejudicial à saúde emocional e psíquica das pessoas: *Quanto mais eu vejo, mais me comparo com alguém, pior eu me sinto.* Não é à toa que, segundo os dados da Organização Mundial da Saúde (OMS), o número de vendas de antidepressivos, em nosso país, quase dobrou nos últimos cinco anos. *

Percebe como essa conexão está afetando as nossas vidas?

Estamos 100% do tempo conectados, já não há mais distinção entre vida pessoal e vida profissional; estamos sempre nos comparando com alguém e nos cobrando, com isso passamos a viver em dois tempos:

- No passado, nos cobrando pelas coisas e escolhas que poderíamos ter feito, lamentando as decisões e atitudes, vivendo, assim, em estado de angústia;

- E no futuro, temendo não conseguir realizar os sonhos, as metas, os objetivos, vivendo em estado de ansiedade.

Perdemos o momento mais precioso: o presente. Passamos a viver no automático, como a personagem de Adam Sandler, Michael Newman, no filme *Click*.

Toda essa conexão faz com que ativemos a nossa versão **OFF** e não vivamos mais em nosso **MODO ON**.

E dentro das organizações?

Se por um lado estamos nos comparando com alguém e nos cobrando algo, na vida profissional, somos, constantemente, cobrados por TER e DAR resultados.

Um mundo de constantes mudanças, incertezas, complexidades e ambiguidades, um mundo que cobra das empresas agilidade e criatividade na invenção de novos produtos, serviços e soluções. As empresas, por sua vez, cobram de seus *CEOs* agilidade e assertividade, nas tomadas de decisões; os *CEOs* cobram de seus gestores inovações e resultados e esses cobram de seus líderes que sejam melhores, que deem resultados, que desenvolvam pessoas e que façam acontecer. E os líderes?

Recebem a pressão e, muitas vezes, não têm a menor ideia do que fazer com ela. Podendo tomar uma destas atitudes:

- No desespero, fazem pressão, na equipe, desestabilizando, emocionalmente, as pessoas, levando-as a resultados medíocres, ou podem se tornar líderes que...
- Colocam a mão na massa e fazem tudo sozinhos, tornando-se líderes centralizadores, sobrecarregando a si mesmos e prejudicando os resultados, em longo prazo, da própria organização.

Acredito que, dentro das organizações, 80% dos cargos de liderança são de média liderança, ou seja, líderes que têm, abaixo de si, pessoas que são operadores, assistentes ou analistas. Seriam os cargos de Supervisores, Coordenadores, Encarregados e até mesmo Gerentes. Serei bem sincera com você, afirmo, com convicção, que essas pessoas estão ficando doentes.

Minha missão com você, neste livro, é levá-lo(a) a entender de que forma as cobranças do mundo moderno e a autocobrança formaram a sua mentalidade, como isso vem afetando os resultados, na gestão de sua equipe, e, ainda, proporcionar, através de exercícios, ferramentas técnicas e conceitos para a transformação de seu *Mindset* e elevar os resultados na sua gestão de pessoas.

Está pronto(a) para ativar o seu Modo *On*?

PERFIL DO LÍDER

2

Carlos é um jovem líder de 30 anos de idade que trabalha, em uma empresa, há mais de 10 anos. Filho do Senhor José e da Dona Ana, aprendeu com os pais que, apesar de não terem escolaridade, todas as conquistas da vida são possíveis através de um trabalho árduo.

Pensando assim, ele nunca teve medo de enfrentar os desafios dentro da organização. Já em seus primeiros meses, demonstrou seu compromisso, estava sempre disponível a aprender algo novo e se dedicava ao trabalho.

Em pouco tempo, ele se destacou, no grupo, e passou a obter reconhecimentos de seus líderes. Na medida em que era reconhecido, mais vontade Carlos tinha de se desenvolver e aumentava a sua dedicação ao trabalho. Em pouco tempo, ele havia se tornado referência na atividade que executava. Esse reconhecimento fez com que tivesse um salário melhor, o que proporcionou a Carlos investir em seus estudos e, dessa forma, ter uma vida diferente da que os seus pais tiveram. Carlos se tornou reconhecido, no trabalho, e destaque da família. Para ele, sucesso era vencer na vida.

Com base em seu histórico e dedicação ao trabalho, alguns anos depois, surgiu uma oportunidade de liderança, na área em que Carlos atuava, e o seu líder não pensou duas vezes para promovê-lo. Nada mais justo do que dar a oportunidade para *aqueles que vestem a camisa da empresa,* essa foi a justificativa usada pelo seu líder imediato.

Você conhece o Carlos?

Não? Nem eu, mas é bem provável que, se você é líder e está lendo este livro, tenha uma história muito semelhante à do Carlos, ou, pelo menos, conhece várias pessoas assim, não é mesmo?

Segundo dados do SEBRAE e do IBGE, estima-se que, em nosso país, mais de 80% das empresas existentes são empresas familiares. Infelizmente, muitos de nossos líderes não tiveram uma preparação de liderança. A maioria das histórias que conhecemos foi semelhante à do Carlos, aquele colaborador "mão na massa", bom em resolver problemas, excelente executante que, por mérito de seu bom trabalho, recebeu de presente a promoção da Liderança. É aí que começam os grandes problemas dentro das organizações.

Ouso dizer que, hoje, a média liderança, em nosso país, é composta pelos seguintes perfis:

- **Especialista Experiente:** pessoa que foi executante por muito tempo e sabe, como ninguém, fazer a atividade e, além de saber, gosta de executá-la, afinal, foi através do conhecimento técnico que chegou ao cargo de liderança.

- **Comprometido com Resultado:** compromisso e busca por resultados são seus valores primordiais, chega a "sofrer" quando vê, em outros colaboradores, comportamentos diferentes. Para esse líder, o Trabalho vem em primeiro lugar, se tiver que ficar até 24 horas dentro da empresa, ficará e sentirá orgulho dessa atitude.

- **Destaque da Família:** através de seus esforços, conseguiu mudar o patamar da sua vida pessoal; muitas vezes, não tem tempo para desfrutar de tudo o que a vida profissional lhe deu, mas fica feliz quando percebe que é citado como bom exemplo para os outros membros da família.

- **Grandes conquistas através do Trabalho:** financeiramente, possui uma situação bem diferente da vida de seus pais, por isso valoriza tudo o que conquistou, como viagens internacionais, casa, carro, apartamento e condições de conhecer lugares diferentes.

Seu lema é: **SUCESSO É VENCER NA VIDA,** logo, quando essas pessoas são promovidas, um mantra se instala internamente: Não posso fracassar, senão serei mandado embora e posso perder tudo o que conquistei até aqui.

Consegue perceber o que vai acontecer com esse líder?

A vida toda ele soube que, para dar resultado, era preciso muito trabalho, colocar "a mão na massa" e fazer, mas acontece que, quando ele é um gestor de equipe e tem esse comportamento, se torna um *LÍDER CENTRALIZADOR.*

Conhece pessoas assim? Está fazendo sentido tudo isso para você?

Líder Modo *OFF*

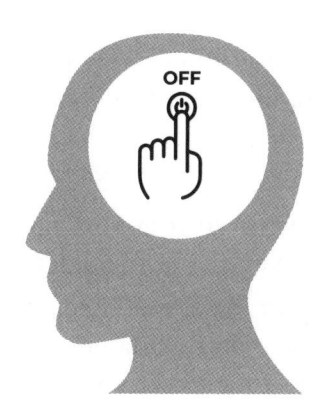

Quando o líder se torna centralizador, o RH, que é a área responsável, dentro das empresas, para desenvolver pessoas (sendo que essa responsabilidade deveria ser da liderança e não do RH, mas isso é uma discussão para outro livro), pensando no desenvolvimento desse líder, decide investir em sua capacitação e resolve dar a esse líder um treinamento excelente para ensinar-lhe a delegar. E sabe o que acontece? Nada. Porque esse líder não tem problemas em delegar, o que ele tem é um problema de *Mindset*, ou seja, ainda está operando com a mentalidade do seu antigo cargo: o de executor e não o de gestor.

Ele não delega porque:

- **não confia nas pessoas**: como não mudou a sua chave interna para gestor, olha para os membros de sua equipe de igual para igual e não confia porque **não enxerga o mesmo** nível de comprometimento, que tem, em outros membros.

- **compete, internamente, com as pessoas**: é um bom técnico e **acredita que ninguém faz da forma como ele faz, sendo assim,** se ele delegar e outra pessoa aprender, poderá "roubar" o seu cargo, com isso ...

- **tem medo e insegurança**: sentindo-se ameaçado, irá centralizar ainda mais as atividades.

Esse líder, que já trabalhava pesado, aumenta, drasticamente, sua carga horária. Se antes trabalhava 12 horas por dia, começará a trabalhar 16 horas e a levar serviço para casa. Mudará, totalmente, os seus hábitos:

- O almoço será substituído por um lanche rápido, no próprio escritório, às 15 horas da tarde, enquanto responde a alguns e-mails.
- Suas horas de sono diminuirão, assim como a qualidade, visto que será normal acordar às três horas da madrugada para pensar nas atividades que deixou pendente no trabalho.
- Cafés, energéticos e refrigerantes ser**ão os combustíveis diários para mantê-lo elétrico na atividade de trabalho;**
- Aos finais de semana, responderá aos infinitos e-mails que não deu conta de responder durante a semana, ou seja, não descansará.

Trabalhando dessa forma, esse líder começará a viver em um estado que eu gosto de chamar de **ESTADO OFF**. Nesse estado, o líder:

- **Enxerga tudo como ameaça:** qualquer nova ideia, que alguém do grupo possa propor, ele rejeita, pois fica em dúvida em relação à intenção da pessoa, ou se cobra porque deveria ser ele o solucionador de problemas, como a ideia não veio dele, não tem validade.
- **Vive no Automático:** seus pensamentos estão no passado; vive se cobrando por algo que não conseguiu fazer, ou, no futuro, ansioso com as atividades que terá que fazer, temendo não conseguir atender às expectativas da empresa. Dessa forma, perde o momento presente e com isso...
- **Repete Padrão: não cria nada novo, faz** as coisas da mesma forma sempre.

O líder **MODO OFF** não tem tempo para a equipe, não se preocupa com o desenvolvimento das pessoas, não consegue atender aos prazos e deixa de dar resultados, o que faz com que aumente ainda mais a sua cobrança interna.

E a equipe convivendo com um líder assim?

Eu não sei se você já teve a experiência de trabalhar com um Líder Modo *OFF*, mas os estragos, na equipe, **são assustadores**, pois afeta desde a autoestima dos colaboradores até a produtividade da empresa. Um líder Modo *OFF* desperta nas pessoas:

- **Sentimento de menos valia:** por serem podados com frequência, os colaboradores começam a duvidar de sua capacidade e de seu potencial. Aliás, algumas pessoas precisam duvidar de si mesmas, para poder sobreviver a um líder Modo *Off*, pois as pessoas que sabem o potencial e talento que têm, não convivem com um líder assim. À medida que os colaboradores duvidam de si mesmos, têm a sua autoestima afetada.

- **Redução da capacidade de inovação:** a equipe é o reflexo do líder, se o líder não estimula a criatividade e a inovação, a equipe se desenvolve da mesma forma, matando todo e qualquer potencial criativo; muitos membros começam a encontrar mais desculpas para não mudarem ou inovarem do que buscarem soluções inovadoras para empresa.

- **Queda na produtividade:** os membros da equipe dedicam boa parte do seu tempo para falar mal de seus chefes, pode ser durante os cafezinhos ou através de grupos, em redes sociais, que não tenham a presença do chefe e, com isso, reduzem, drasticamente, a produtividade da equipe.

- **Falta de vontade trabalhar:** autoestima abalada, potencial criativo nulo, falta de reconhecimento e sentimento de inutilidade, tudo isso faz com que a vontade de trabalhar, simplesmente, **vá embora.**

- O líder Modo *Off* ganha uma equipe sem compromisso, com rotatividade e absenteísmo, o que afeta os resultados da organização.

Você deve estar pensando: – Ok, Damaris, eu já entendi tudo isso e não quero me tornar um líder Modo *Off*, o que devo fazer?

Eu vou guiá-lo(a), nesta jornada de virada de chave, para se tornar um Líder Modo *On*, mas a primeira convicção que deverá ter é a de que as suas atitudes, **ações e comportamentos que** teve, durante a sua vida profissional, trouxeram-no até o cargo de liderança, no entanto não são esses comportamentos que irão mantê-lo(a) onde está, ou que o(a) levarão para onde deseja ir. Isso faz sentido? Se sim, está pronto para começar a mudar a sua mentalidade?

MENTALIDADE DA LIDERANÇA

3

Exercício para ativar o cérebro, vamos lá:

Responda rápido:

– O que você achou da Seleção Brasileira de Futebol na Copa de 2018?

Respondeu? Agora, anota, aí, a primeira palavra que veio a sua cabeça, porque daqui a pouco, volto a conversar com você sobre isso.

Certamente, você vai concordar comigo que tudo o que existe, hoje, no mundo, passou pelo pensamento de alguém. Por exemplo, este livro que você está lendo, antes de existir, foi criado em meus pensamentos; a caneta, a poltrona, a cadeira ou o assento que você está usando, neste momento, também. Antes de ganharem forma, foram criados e desejados nos pensamentos de alguém.

Tudo começa nos nossos pensamentos, eles são a base de nossos comportamentos e ações.

Anthony Robbins, autor e palestrante reconhecido, no mundo todo, criou o *Ciclo do Sucesso*. Para ele, o sucesso é composto por um ciclo que se divide em quatro quadrantes:

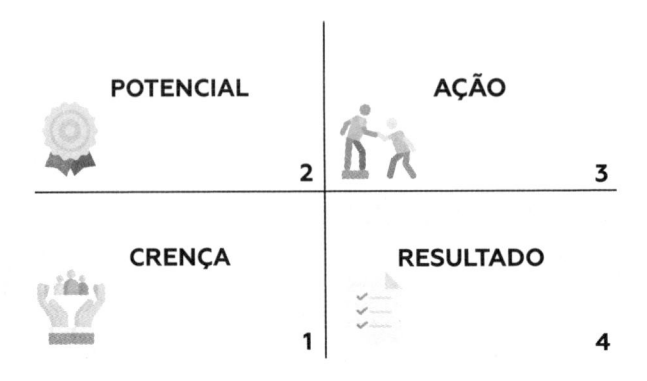

O ciclo do sucesso começa com a *crença,* ou seja, com aquilo que você pensa ou com aquilo em que acredita. Em cima disso, você determina o seu potencial.

O Potencial do ser humano é ilimitado, no entanto, através de nossas crenças e pensamentos, limitamos o nosso potencial. Todas as vezes que dizemos a nos mesmos que não somos capazes de fazer algo, estamos colocando um limite em nosso potencial.

Pense em um líder que diga com frequência:

- "Eu não consigo fazer a gestão da minha equipe".
- "Eu não sei fornecer *feedbacks* assertivos".
- "Eu não posso fazer a gestão do meu tempo".
- "Não sou capaz de motivar as pessoas".

Afirmações como essas colocam um limite na capacidade de fazer gestão.

Agora, imagine a cena:

Um **líder acredita** não ser capaz de fornecer *feedbacks* assertivos para seus colaboradores, essa é a crença que ele determinou e, é claro, uma crença nunca vem sozinha, vem sempre acompanhada de outros pensamentos e pode ser que, além de acreditar nisso, pense também: "Pessoas que perguntam demais me incomodam. " Ou ainda "Cada um deve fazer o seu serviço sem precisar de muitas explicações. " E assim sucessivamente.

Um belo dia, esse **líder**, que está sufocado por atividades operacionais, percebe que um membro da equipe está executando uma atividade totalmente diferente da forma como ele havia solicitado, então, na frente de todos, chama esse colaborador e diz em um tom alto:

– FULANO, QUAL FOI A PARTE QUE VOCÊ NÃO ENTEN-DEU? Se for para fazer dessa forma, deixe, **aí**, que eu mesmo faço.

Você já sabe o que isso irá causar na equipe, **não é mesmo?**

O que aconteceu ali? A Crença e o Potencial desse líder determinaram a **Ação, ou seja, o comportamento e a ação levaram** ao Resultado, que, nesse caso, foi: colaborador desmotivado, maior improdutividade da equipe e reclamações do líder, ao RH, porque não soube conversar ou dar *feedback* aos colaboradores.

E o Resultado, sabe o que ele faz? Ele alimenta, novamente, a crença, por isso é **um Ciclo: aquilo que eu penso determina** o meu potencial, me faz entrar em ação, a minha ação gera um resultado e o meu resultado alimenta a minha crença.

É por isso que, para qualquer trabalho de desenvolvimento de liderança, precisa ser mudado o *Mindset*, ou seja, a mentalidade ou a atitude mental.

Segundo a Dra. Carol Dweck, em seu livro, *Mindset A Nova Psicologia do Sucesso,* **há,** ao menos, dois tipos de *Mindset*: o fixo e o de crescimento.

Mindset **fixo:** é o modelo mental que interpreta inteligência ou talentos como características inatas, ou seja, você nasceu assim e permanecerá dessa forma a vida toda. Nesse modelo, as pessoas interpretam a vida por dois ângulos: Sucesso e Fracasso. Se, ao me dedicar a um projeto, alcancei a nota máxima, tive sucesso, mas se, ao me dedicar ao mesmo projeto, **não atingi** os resultados desejados, sou um fracasso.

Viver com a mentalidade fixa é buscar uma vida de dor, punição e sofrimento.

Essa é a mentalidade que a autocobrança opera! Podemos dizer que quem vive no *Mindset* fixo vive com um *Adolf Hitler* dentro de si. **É a mentalidade da Culpa, da Punição e da** Cobrança.

Mindset **de crescimento:** as pessoas que possuem um *Mindset* de crescimento possuem uma vis**ão de mundo na qual os talentos e** a inteligência podem ser desenvolvidos mediante os esforços. Esse modelo enxerga o ser humano em evolução, com potenciais a serem desenvolvidos. Se o ângulo do *Mindset* Fixo é o Sucesso e o Fracasso, na mentalidade de crescimento, as pessoas enxergam a vida como Oportunidade, Aprendizado e Melhoria.

Agora, se você está se perguntando qual é o seu Mindset, vou responder para você...

Um pouquinho dos dois, mas é bem provável que, na maioria das vezes, opere no *Mindset* Fixo, e sabe por quê?

O *Mindset* fixo é a mentalidade do povo brasileiro.

Você se lembra da copa do Mundo de 2018? O que você achou da Seleção Brasileira?

Vou chutar uma possível resposta, ok? É bem provável que você tenha achado que a seleção foi um Fracasso, ao menos essa é a resposta da maioria das pessoas que participam de minhas palestras e *Workshops*.

Nem vou me atrever a falar sobre futebol, porque esse é um assunto que não conheço, mas tenho certeza de que, se o Brasil tivesse jogado da mesma forma e ganhado a copa, a resposta seria outra. Como não ganhou, logo é um Fracasso.

É por isso que, tanto eu quanto você, precisamos, diariamente, trabalhar com a nossa mentalidade. Para isso, é necessário prestarmos a atenção no discurso interno que temos conosco mesmo: ele é mais positivo ou mais negativo?

Como é que você alimenta, diariamente, os seus pensamentos?

Você acredita em que tudo sempre dará certo ou é do tipo de pessoa que sempre pensa no pior por que, assim, estará sempre preparado?

Vejo com frequência pessoas que têm a mentalidade negativa, pensam que tudo na vida pode dar errado e se dizem realistas, pois estão sempre preparadas para o pior. Esse é o seu caso?

Se sim, tenho um conselho para você, essa mentalidade não o(a) está ajudando.

Agora, se você for do tipo otimista e acredita em que tudo dará certo, essa mentalidade também não o(a) está ajudando, afinal intenção sem ação não leva a lugar nenhum.

Para ter uma mentalidade de sucesso é necessário mudar a forma de pensar e entrar em ação.

Bianca era uma excelente enfermeira, havia concluído a faculdade e ingressado na área. Possuía conhecimento técnico e estava sempre disposta a aprender, o que lhe possibilitava dar excelentes ideias para a gestão da unidade. Pelo seu bom desempenho, Bianca foi convidada para assumir a coordenação dos enfermeiros.

Apesar da felicidade iminente em relação à promoção, Bianca sentiu-se insegura, na verdade houve um misto de sentimentos. O medo de fracassar era grande, por isso cogitou em desistir da ideia da promoção. A proposta foi mais tentadora, apesar do medo, assumiu o cargo de liderança.

Cinco meses depois, estava trabalhando 50% além de sua carga horária, estava fadigada, com um relacionamento ruim com a equipe e sentindo-se fracassada.

Antes que você pense: "– Lá vem a Damaris com mais uma historinha de alguém que não existe.", deixe-me contar que a Bianca não só existe como fez o processo de coaching comigo.

Cansada, desmotivada, sem energia, sentindo se fracassada, com vontade de desistir, foram esses os sentimentos que Bianca me relatou no primeiro dia de nossa conversa.

Meu trabalho foi identificar qual era o pensamento que estava trazendo tanto peso na vida de Bianca. Em um exercício de Identificação de Crenças, ficou evidente que o pensamento que operava era: **É melhor fazer do que depender dos outros para fazerem.**

Por pensar dessa forma, Bianca não delegava tarefas, não desenvolvia nenhum membro da equipe e ainda se sobrecarregava. Não era à toa a falta de energia que ela sentia.

Após identificar a crença, perguntei-lhe:

– Por que você acredita que esse pensamento é verdadeiro?

– Porque as pessoas não são comprometidas. – respondeu-me com convicção.

–Todas as pessoas não **são** comprometidas? – perguntei, desafiando-a a pensar sobre essa crença.

– Não, algumas pessoas não são comprometidas.

– Quando você trabalha, além do seu limite, fazendo o trabalho que outras pessoas deveriam fazer, como é que você se sente?

– Uma mula de carga.

Essa foi a resposta mais espontânea e verdadeira que ela poderia me dar.

– De que modo trabalhar, além de seu limite, e sentir-se uma mula de carga está ajudando você?

– Em nada.

Essa resposta eu já sabia, mas precisava fazer com ela tivesse essa clareza.

– Pensar que é melhor fazer do que depender dos outros para fazerem não está ajudando em sua liderança, qual seria, então, a outra forma de pensar que poderia trazer mais resultados para você?

Ela demorou um pouco para responder, até que disse com sabedoria:

– **É melhor delegar** tarefas e desenvolver as pessoas do que trabalhar feito uma mula de carga.

Vou confessar que, nesse dia, eu me senti uma Coach realizada, estava, enfim, colaborando com a mudança do *Mindset* de alguém, mas, como já disse anteriormente, só pensar positivo não ajuda em nada. A Bianca finalizou a sessão com atividades práticas de fazer um treinamento com a equipe e repassar o conhecimento que tinha, além de dividir as responsabilidades e acompanhar o progresso da equipe.

Agora, eu quero saber o que é para você:

Sucesso:

Trabalho:

Liderança:

_____

_____

_____

Resultado:

_____

_____

_____

Reconhecimento:

_____

_____

_____

Enquanto profissional, pode ser que o significado que você tinha em relação a essas palavras estivessem atrelados ao desenvolvimento e ao reconhecimento do seu bom trabalho.

Agora, como líder que deseja ser **Modo On,** é bem provável que você precise _ressignificar_ essas palavras, ou seja, dar um novo sentido a elas.

Líder **MODO ON** é aquele que tem como premissa: desenvolver e inspirar as pessoas a buscarem melhoria contínua para executarem um excelente trabalho.

Seu sucesso é o desenvolvimento das pessoas. O principal indicador de que você está sendo um líder **MODO ON** é a rotatividade do bem de sua área, ou seja, seus colaboradores sendo promovidos para outros cargos, ou até mesmo saindo da empresa para posições melhores.

Isso faz sentido para você?

Como eu quero ajudá-lo(a) a desenvolver ainda mais a sua mentalidade, convido-o(a) a assistir à _Masterclass_ que preparei, exclusivamente, para você, leitor(a) deste livro, com mais conhecimentos e exercícios que irão auxiliá-lo(a) a enxergar quais são os pensamentos que estão afetando o seu *Mindset* e como alterar e ter excelentes resultados em sua gestão. Gostou? Então acesse, agora, o conteúdo *online* para ativar o seu Modo *On*, em http://darh.com.br/aula-online-livro-modoon/

ENTENDENDO O SEU *MINDSET*

4

A credito que já tenha ficado claro para você o que é *Mindset*, mas quero levá-lo(a) a entender, como a sua mente funciona.

Freud foi um médico neurologista que criou a psicanálise com base nos atendimentos de seus pacientes. Na época, nas décadas de 20 e 30, percebeu que muitos de seus pacientes apresentavam doenças que não tinham motivos físicos aparentes e que a maioria dos problemas estava relacionada com a Psique (alma, espírito, mente). Para ele, nossa mente era composta por três moradores: Id, Ego e Superego.

ID: É a nossa força interna, responsável por buscar prazer na vida tanto de forma construtiva quanto destrutiva. É a nossa criança interior que não pensa, apenas age. É ele quem dá os impulsos, como comer, comprar, beber, gastar, xingar, descontrolar-se. O ID não avalia, só faz.

EGO: É o eu de cada um, é tudo o que você sabe sobre si mesmo. É a sua parte, na mente, que avalia, pensa, toma decisões, cria as regras e sofre as investidas do ID e as cobranças do Superego.

SUPEREGO: Esse funciona, em nossa mente, como um auditor interno, é o responsável por avaliar se as regras que o EGO determinou estão sendo cumpridas ou não; assim como um bom auditor, ele dá uma Não Conformidade (N.C) que, no caso, em nossa mente, vem através da culpa. A culpa é o recurso que o Superego tem para fazer você se arrepender e não errar mais ou mudar a regra que havia criado.

Imagine a cena: você determinou que está acima do peso e por isso cortará o carboidrato. Chega a sua casa e começa o discurso interno:

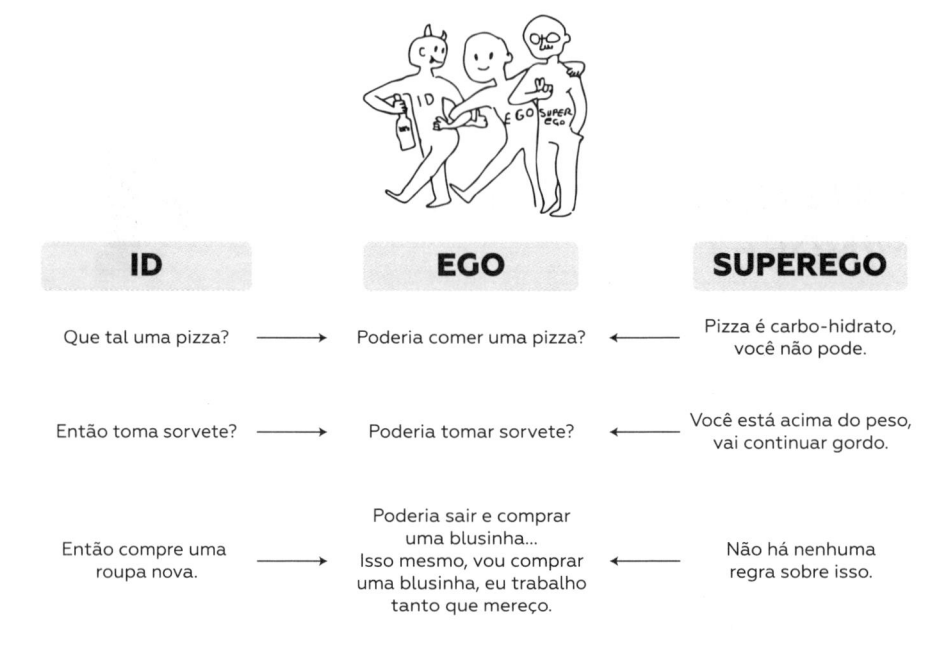

ID	EGO	SUPEREGO
Que tal uma pizza? ⟶	Poderia comer uma pizza? ⟵	Pizza é carbo-hidrato, você não pode.
Então toma sorvete? ⟶	Poderia tomar sorvete? ⟵	Você está acima do peso, vai continuar gordo.
Então compre uma roupa nova. ⟶	Poderia sair e comprar uma blusinha... Isso mesmo, vou comprar uma blusinha, eu trabalho tanto que mereço. ⟵	Não há nenhuma regra sobre isso.

Observou o mecanismo? O ID quer sempre buscar prazer, se não consegue de uma maneira, convence o ego de outra forma. Esse é só um exemplo para você entender como funciona, mas, em nossa mente, isso acontece em uma velocidade acirrada e, nem sempre, o superego consegue convencê-lo a seguir as regras. Por exemplo, se você estiver em um dia de muito cansaço, pode ter certeza de que o ID vencerá a batalha na primeira investida e, depois que você se "entupir" de pizza, o Superego mandará a culpa. Tenho certeza de que sabe bem do que estou falando. Isso já aconteceu com você, **não é mesmo?**

Somente com esses três moradores a nossa mente já vira uma bagunça, mas a Psicologia descobriu que, no Ego, mora um crítico interno, aquela voz que ouvimos desde a hora em que nos levantamos.

É aquela voz que, quando você diz a si mesmo que irá fazer algo, responde dentro de você:

– Será? Você sempre diz que vai fazer e nunca faz. Acho que isso não dará certo.

Reconheceu? É a voz da dúvida, da incerteza. O Crítico é o sabotador interno universal, todo mundo tem. No livro, Inteligência Positiva (cuja leitura eu recomendo), o autor Shirzard Chamine explica que o crítico é o principal sabotador, que afeta todo mundo. Ele nos leva, constantemente, a encontrar defeitos em nós mesmos, nos outros e nas nossas condições e **circunstâncias**. Gera a maior parte da nossa ansiedade, estresse, raiva, decepção, vergonha e culpa. A mentira dele para se justificar é a de que, sem ele, nos transformaríamos em seres preguiçosos e sem ambição e que não iríamos muito longe. Assim, a voz dele costuma ser confundida com a voz durona da razão, em vez de o sabotador destrutivo que realmente é.

Para piorar ou melhorar a nossa vida (porque à medida que entendemos, colocamos luz sobre nossas sombras e temos a oportunidade de mudar), a Inteligência Positiva (metodologia desenvolvida por Shirzard Chamine) descobriu que o crítico não atuava sozinho, pois, dentro de nossas mentes, havia mais nove sabotadores. Cada um de nós desenvolveu sabotadores desde a infância para conseguir sobreviver às ameaças que percebemos, na vida, tanto físicas quanto emocionais.

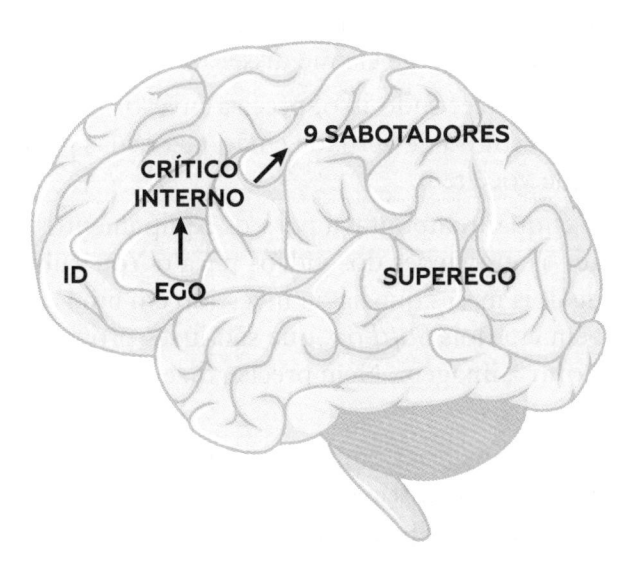

Está fazendo sentido para você? A nossa mente é o nosso melhor amigo e o nosso pior inimigo, nela, abrigamos moradores que sabotam a nossa felicidade e o nosso sucesso. Os sabotadores são um conjunto de padrões mentais automáticos e habituais, cada um com sua voz própria, crença e suposições que trabalham contra o que é melhor para nós.

Eu, particularmente, gosto de ler e aprendo muito através dos livros. No final de 2017, estudei o livro *Mindset*, da Dra. Carol Dwick, e fiquei impressionada quando descobri como era a formação de nossa mentalidade. Ainda estava lendo esse livro quando ganhei de presente o livro Inteligência Positiva. Foi algo totalmente aleatório, mas nunca vi dois livros com metodologias e autores diferentes serem tão complementares. Eu o li em dois dias! Fiz uma imersão, queria descobrir tudo sobre aqueles sabotadores, aquele livro falava de mim. No dia em que finalizei a leitura, meu esposo veio até o meu escritório e disse a ele com empolgação:

– Sabe, esse livro mudou a minha forma de ver a vida, aprendi tantos conceitos que vou criar um curso online para ensiná-los às pessoas, vou escrever um livro sobre liderança, vou fazer blá, blá...

Estava falando com paixão tudo o que havia descoberto sobre a mente humana enquanto ele estava encostado, em uma parede do escritório, me olhando com um olhar de crítica. Ainda nem havia concluído o meu raciocínio e ele me disse:

– Se você quer fazer tudo isso, precisa investir em equipamentos melhores, ter um estúdio de verdade e não fazer suas gravações neste lugar caseiro que você tem.

Falou isso enquanto apontava para os equipamentos que eu utilizava para fazer as gravações dos vídeos para o You Tube. Na época, fazia menos de dois meses que havia investido em uma câmera profissional e também em dois *Softbox*, que são luzes profissionais utilizadas para melhorar a imagem. Nem preciso dizer que os equipamentos não eram tão caseiros.

Você consegue imaginar como me senti? Parecia que ele estava jogando um balde de água fria e apagando a minha paixão pela descoberta. Confesso que, naquele momento, um dos meus sabotadores quis se manifestar, minha vontade era dizer:

– Está vendo como você é? Você não me apoia? Eu estou sempre do seu lado, mas, quando preciso contar com você, nunca tenho o seu apoio.

Já ouviu esse discurso? É o discurso da vítima, um dos sabotadores que nos faz acreditar que o mundo está contra nós.

Como estava inspirada e *toda trabalhada* na Inteligência Positiva, decidi respirar e ter outra atitude. Deixei a empolgação de lado e dei lugar para uma voz mais eloquente e conduzi o discurso da seguinte forma:

– Anderson, sabe esse livro sobre o qual acabei de falar para você, ele tem uma metodologia que fala de nossos sabotadores. Segundo o autor, nós, seres humanos, temos nove sabotadores, um deles **é o insistente**, um carinha que busca ser metódico, pontual, possui elevados padrões e busca a perfeição, é altamente crítico de si mesmo e dos outros. Eu sei que você só quer o melhor para mim e para a empresa, assim como eu também quero. Também sei que devo buscar melhorias tanto pessoal quanto em meus recursos, no entanto estou fazendo o melhor que posso com o que tenho. A sua intenção é me proteger e fazer com que eu melhore, mas, se puder, observe o seu discurso, eu estava motivada com uma ideia e você nem percebeu que me jogou um balde de água fria.

Quando terminei de falar, ele me pediu desculpas. Confesso que fiquei feliz por dois motivos: primeiro, por ter inteligência emocional e não reagir por impulso e segundo, por não ter dado voz ao meu sabotador.

Imagino que, a esta altura, você queira saber quais são seus sabotadores, **não é mesmo?**

No livro citado, o autor apresenta nove sabotadores, mas, trabalhando com liderança, pude observar que seis **são os que mais se manifestam no Líder Brasileiro.**

Vamos fazer um teste rápido.

Escolha, abaixo, quais são os principais pensamentos que, geralmente, você tem.

1. As coisas nunca estão do jeito que eu quero.
2. Ninguém faz nada direito.
3. Só entrego algo quando tudo está dentro do meu padrão de qualidade.
4. Se eu não for um bom líder, as pessoas não gostarão de mim.
5. As pessoas costumam gostar de quem é bom.
6. Gosto de ser reconhecido por ser uma pessoa do bem.

7. Estou sempre pronta a ajudar, mesmo que isso me prejudique.
8. Será que vai dar certo?
9. Será que saí de casa e tranquei todas as portas?
10. E se eu não conseguir?
11. Melhor nem fazer, porque vai que não dá certo.
12. Preciso estar em constante movimento.
13. O tempo é o meu pior aliado, preciso correr contra o tempo para fazer...
14. Enquanto estou realizando algo, não há tempo para besteiras.
15. Minha cabeça está sempre ocupada, antes de terminar uma ação, já sei qual será a próxima.
16. Gosto de saber, exatamente, como será o meu dia, mês e ano.
17. Preciso saber tudo o que minha equipe está fazendo.
18. Gosto de estar envolvida antes de qualquer decisão.
19. Prefiro tomar as decisões.
20. Faço várias coisas ao mesmo tempo.
21. Quando alguma coisa não dá certo, parto para outra.
22. Costumo não finalizar o que começo.
23. Sempre estou com projetos em andamento.

Analise quais pensamentos tiveram mais incidências:

1 – 03
4 – 07
8 – 11
12 – 15
16 – 19
20 – 23

Agora confira,

1 – 03 = Insistente.
4 – 07 = Prestativo.
8 – 11 = Hipervigilante
12 – 15 = Hiper-Realizador
16 – 19 = Controlador
20 – 23 = Inquieto

Se você teve mais incidência de respostas nos pensamentos de 1 a 3, seu sabotador principal é o insistente; se foi de 4 a 7, então é o prestativo; se foi de 8 a 11, é o Hipervigilante, e assim sucessivamente.

Pode ser que você esteja se perguntando:

– É possível uma pessoa ter mais que um sabotador?

Sim! Para você ter uma ideia, há pessoas que são tão críticas de si mesmas e dos outros que chegam a ter os nove sabotadores.

Recomendo que você procure pelo teste na internet e o faça gratuitamente: Teste Inteligência Positiva – **Shirzard** Chamine.

Agora, que já sabe quem são seus moradores mentais, vamos descobrir o efeito que eles vêm causando em você e em sua liderança:

SABOTADOR	INSISTENTE	PRESTATIVO
Características	Pontual, metódico, perfeccionista, altamente crítico de si e dos outros.	Esse é o líder bonzinho, tem uma necessidade de agradar a todos, precisa se certificar, com frequência, da aceitação e afeição dos outros.
Principais dificuldades	Vive em constante vigilância e autocobrança, tem dificuldade de relaxar.	Não sabe dizer não; Evita conflitos; Procrastina situações desagradáveis.
Efeito na Equipe	Por buscar o perfeccionismo, cobra altos padrões, o que faz com as pessoas nunca sintam que atingiram a sua expectativa, causando frustração e ansiedade nos membros da equipe.	A equipe até gosta deste líder, no entanto a sua falta de assertividade costuma deixar a equipe em situações embaraçosas com outras áreas, visto que ele abraça tudo, sobrecarregando os membros da equipe.
Frase de efeito da Equipe:	Para ele nada está bom!	É bonzinho, mas não tem boca para nada.
Dentro das empresas, onde é encontrado?	Áreas que exigem ciência exata, tais como: Financeiro, Engenharia, Segurança, Departamento Pessoal, Produção, etc.	É encontrado em áreas que exigem mais relacionamento, tais como: RH, Vendas, Treinamento e Desenvolvimento de Pessoas.

SABOTADOR	HIPER-REALIZADOR	HIPERVIGILANTE
Características	Competitivo, atento à imagem e status; bom em disfarçar inseguranças e mostrar sempre uma imagem positiva. Altamente concentrado no sucesso externo, possui tendências a Workholic.	Esse é o líder do Será? Sempre ansioso, vive com dúvidas crônicas sobre si mesmo e sobre os outros, sensibilidade extraordinária a sinais de perigos. Desconfia do que os outros estão fazendo, procura se tranquilizar em procedimentos e regras.
Principais dificuldades	Entender que nem todos possuem a mesma rapidez e agilidade que ele; Delegar, pois se realiza no processo de execução.	Delegar e Confiar nas pessoas.
Efeito na Equipe	Por estar sempre disposto, cheio de vitalidade e em ação, nem sempre os membros da equipe conseguem acompanhar a sua velocidade, por isso pode causar instabilidade emocional, autocobrança e autoestima baixa.	Sua ansiedade e instabilidade emocional geram insegurança, falta de autonomia, de foco e de produtividade da equipe, que não dá um passo sem um aval do líder.
Frase de efeito da Equipe:	Parece um trator trabalhando (passa por cima de tudo e de Todos).	Ele é muito medroso.
Dentro das empresas, onde é encontrado?	Pode ser encontrado em qualquer departamento, mas é comum em áreas comerciais, logística, engenharia e produção.	Geralmente, é encontrado em departamentos em que é necessário seguir as regras e leis tais como: Segurança do Trabalho, Qualidade, Financeiro e Departamento Pessoal.

SABOTADOR	CONTROLADOR	INQUIETO
Características	Forte necessidade de controlar e assumir responsabilidade, determinado, confrontador e direto, leva as pessoas além de suas zonas de conforto.	Nunca está satisfeito com o que está fazendo, permanece sempre ocupado, mas se distrai facilmente.
Principais dificuldades	Assume mais responsabilidades do que tem condições de fazer, não delega e vive sobrecarregado.	Manter o foco, gerir o tempo e finalizar projetos.
Efeito na Equipe	As pessoas sentem-se controladas, ressentidas, com sentimento de incapacidade.	Muda as prioridades com frequência, deixando a equipe perdida, sem foco, causando frustração.
Frase de efeito da Equipe:	Ele pensa que só ele sabe.	Ele não sabe o que quer.
Dentro das empresas, onde é encontrado?	Áreas que exigem ciência exata, tais como: Financeiro, Engenharia, Segurança, Departamento Pessoal, Produção, etc.	Áreas que exigem criatividade, tais como Vendas, Marketing, RH.

Entendeu por que, às vezes, você se cansa de tanto pensar? São seus sabotadores roubando sua energia vital. Viver dando ouvido e voz aos nossos sabotadores é ainda viver no **Modo *OFF***.

TROCANDO O CHIP

5

A credito que, até este momento, você esteja tendo clareza de como é viver no **MODO OFF** e as consequências que tudo isso pode gerar para você e para a sua equipe, e, talvez, esteja se perguntando:

– Ok, Damaris, eu já entendi, agora, dá para você trocar o meu chip para que eu possa começar a viver no **MODO ON?**

Bom seria, não é mesmo, se pudéssemos, assim como num celular ou num computador, simplesmente, trocar o nosso chip interno e começar a operar com um novo programa ou uma mentalidade diferente.

Não funcionamos como em um passo de mágica, mas, sim, é possível trocar o seu CHIP, sabe como? Através de:

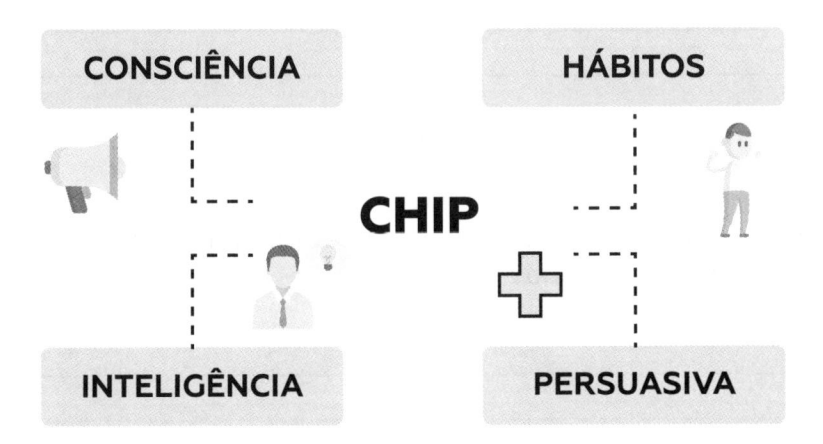

Está pronto? Vamos lá.

CONSCIÊNCIA

Primeiro passo: ter consciência. É através dela que se inicia qualquer processo de mudança. É preciso enxergar e reconhecer que há algo errado com você, que a vida que vem vivendo e os resultados que vem produzindo não estão de acordo com o seu propósito de vida. Não combina com o que sonhou ou desejou para você.

Pode ser que essa consciência venha através de você mesmo, das suas reflexões ou pode ser que venha através de um *feedback* da sua equipe ou das pessoas que se importam com você, de qualquer forma, precisa analisar e refletir. Há pessoas que, infelizmente, só conseguem ter consciência de que há algo errado, quando perdem um emprego, enfrentam uma doença ou passam por alguma situação desesperadora.

Desejo, do meu coração, que esse não seja o seu caso, até porque o desespero não é a única forma de mudar, como nos lembra Antony Robbins:

"Para fazer mudanças profundas, em sua vida, você precisa de inspiração ou desespero".

Reflita sobre isso e responda:

Estou feliz com a vida que estou vivendo? Por quê?

_____

_____

_____

_____

Esta é a vida que sempre sonhei para mim, para minha equipe e minha família?

_____

_____

_____

_____

Eu me orgulho de ser a pessoa que sou?

_____

_____

_____

_____

HÁBITOS

Segundo passo: estabelecer Novos Hábitos. A partir do momento que você reconhece que algo está errado, é hora de mudar de comportamento. Albert Einstein já dizia que é insanidade querer resultados diferentes, fazendo, exatamente, a mesma coisa. Se reconhecer um erro, precisa fazer alguma coisa. Muitas vezes, para isso, é necessário rever, totalmente, a sua rotina, desde a hora em que você se levanta até a hora em que vai dormir.

Por que existem tantas pessoas, hoje, no **MODO OFF**?

Porque as pessoas possuem um conjunto de hábitos e comportamentos destrutivos desde a hora em que acordam.

Imagine um líder que acorda, olha para o celular, começa a ver os e-mails que recebeu enquanto dormia e, mesmo antes de sair da cama, envia alguma mensagem para seus colaboradores. Toma um banho, dá um "_download mental_", em tudo o que precisa fazer no dia, e se lembra das tarefas que deixou de fazer no dia anterior. Sai do banho e, enquanto se arruma, envia mais uma mensagem para outro membro da equipe repassando alguma tarefa. Não se senta para tomar café, porque não dará tempo, toma apenas um copo de leite, rapidamente, se prepara para sair de casa, e, antes mesmo de a esposa desejar bom dia, já está na garagem dizendo que está perdendo hora.

Não faz nem uma hora que esse líder acordou, mas já está em **MODO OFF**. Esse modo acelerado, com que começou o dia, o acompanhará até o final do expediente, por isso chegará, a sua casa, esgotado, sem energia, comerá qualquer coisa, perderá a paciência com a esposa, porque ela não reconhece o quanto ele trabalha, responderá a mais algumas mensagens que não deu tempo de responder durante o dia e, antes de perceber, terá se apagado no sofá. No dia seguinte, começará tudo de novo.

No livro, *O Milagre da Manhã*, Hal Elrod diz que a primeira hora é o leme do nosso dia. Os bons hábitos que possuímos, logo pela manhã, nos darão base para nos mantermos em **MODO ON** durante o dia todo.

Particularmente, gosto de iniciar o meu dia com uma atividade física. Esse hábito é algo que me acompanha, há mais oito anos, e posso garantir que, apesar de estar mais velha e acordar bem mais cedo do que acordava, hoje, sou uma pessoa com mais energia e disposição.

Minha rotina é acordar, diariamente, às 5h20, me arrumar, tomar um café e fazer uma leitura da Bíblia ou de algum livro que esteja lendo, mesmo que seja, apenas, de três páginas. Faço exercícios das 6h às 7h, quando retorno, tomo o meu banho e o café da manhã para depois iniciar o meu trabalho.

Sei que sou uma pessoa privilegiada por poder administrar meu tempo e minha rotina da forma como quero e desejo. Também sei que muitas pessoas iniciam suas atividades laborais antes mesmo das 7 horas da manhã. De forma alguma, quero colocar a minha rotina, em sua vida, afinal cada um conhece a sua realidade. Isso é o que dá certo para mim. E para você?

O que você poderia fazer, assim que acorda, para ficar ligado(a)?

Atividade física? Leitura diária (algo em torno de 15 minutos por dia)? Meditação? Tomar um café da manhã sem pressa?

O que você poderia fazer além de, simplesmente, se levantar e ir trabalhar?

_____

_____

_____

Estabeleça hábitos positivos que darão sustentabilidade para outros hábitos positivos durante o seu dia.

Algo que poderá auxiliá-lo(a), nessa hora do seu dia, é fazer três afirmações antes mesmo de sair de casa:

- Hoje, meu dia será... (Complete com palavras poderosas que o(a) colocarão em conexão com o que acredita).
- Meu principal foco será... (Defina aquela atividade principal que precisa fazer e que por nada irá procrastinar).
- Minha primeira atividade do dia será... (Defina uma menor ação, mas que o(a) o colocará em direção aos seus objetivos).

Por exemplo:

Hoje, meu dia será produtivo, meu foco será no desenvolvimento das pessoas, para isso, assim que chegar ao escritório, agendarei um horário para conversar com o meu colaborador e darei um feedback a ele.

Essas três frases o(a) ajudarão a definir a sua intenção, os seus objetivos e ainda o(a) colocarão em ação. Gostou? Reescreva as frases e deixe-as, em um local visível, para que possa se lembrar delas todas as manhãs. Montei as minhas como um cartão e as deixo em meu criado mudo, assim, todos os dias, ao acordar, já ativo o meu **MODO ON**.

Hábitos de gestão do tempo são fundamentais para atuar com a mentalidade **MODO ON**, como por exemplo, ter uma boa agenda de trabalho em que anota tudo o que precisa fazer e, à medida que faz, risca o item da agenda (riscar é uma sensação maravilhosa). Para isso, é fundamental reservar, ao menos, quinze minutos do seu tempo, no final de semana, para fazer a sua agenda.

O Coach Geronimo Theml, em seu livro, PRODUTIVIDADE PARA QUEM QUER TEMPO, diz que quem não tem agenda vive pela agenda do outro. Essa máxima abriu os meus olhos para mudar os meus hábitos em relação ao meu tempo.

Ter um cronograma pré-definido de tudo o que precisamos fazer e anotar o que deve ser feito, serve de roteiro para seguirmos a nossa viagem semanal.

Faça isso. No final de cada dia, reserve cinco minutos para avaliar o que não pôde ser feito e quais serão as estratégias para o dia seguinte.

Lembre-se de que o seu foco principal precisa ser as pessoas. A sua agenda, deve conter:

Mais verbos: falar, ensinar, desenvolver, fazer reunião de alinhamento, treinar, comunicar, alinhar, direcionar e assim sucessivamente.

Menos verbos: fazer, executar, montar, incluir, divulgar, publicar, escrever, buscar, etc.

Você poderá perceber em qual modo está operando, simplesmente, pelos verbos que estiver usando.

Assim como iniciar bem o seu dia, é fundamental, para ficar no **MODO ON**, a noite também tem a sua beleza. Se você tiver um horário para iniciar o turno de trabalho, é preciso definir os limites e estabelecer horários para se desligar dele.

Reserve cinco minutos para uma análise sobre os seus hábitos. Poderá fazer isso, ao retornar para sua casa, em vez de dirigir olhando o celular e respondendo às infinitas mensagens que nunca acabam. Use esse tempo do trajeto para refletir sobre o seu comportamento e as ações que executou durante o dia. As perguntas abaixo poderão servir de roteiro para essa análise:

- Meu dia foi da forma como o desejei?
- Consegui manter o meu foco e realizar o que desejava para hoje?
- O que eu poderia fazer diferente amanhã para ter mais resultado?

INTELIGÊNCIA PERSUASIVA

Qualquer um pode zangar-se - isso é fácil, mas zangar-se com a pessoa certa, na medida certa, na hora certa, pelo motivo certo e na maneira certa – não é fácil.
Aristóteles.

Imagine a cena:

Março de 2016, num calor de mais de 30 graus, às 10 horas, em uma avenida movimentada da cidade de Americana, eu estava correndo, ou melhor, treinando para participar de uma maratona (42.195 km). Se você ainda não me conhece, procure por mim, nas redes sociais, e vai perceber que não tenho perfil de corredora, isso porque não sou magra, não sou queniana e não tenho as pernas alongadas. Como gosto de frisar que, não tenho o perfil de corredora, mas minha cabeça não sabe e é por isso que corro.

Estava correndo na Avenida Brasil e, como já tinha corrido 21 km, ainda faltavam 9 km para finalizar o meu treino. Naquele momento, surgiu um senhor, em minha frente, e disse a seguinte frase:

– Moça, você sabia que para emagrecer precisa eliminar sete alimentos de sua vida?

O que vou narrar, agora, aconteceu apenas em minha cabeça.

– Oi? Ele está me chamando de gorda? É isso que ouvi? Esse senhor, que não me conhece, para, no meio do nada, e me chama de GORDA? É isso, produção? Ele está me chamando de gorda?

Você pode imaginar como eu me sentia naquele momento? Eu sentia que todo o meu sangue corria em meu corpo (e não era por causa da atividade física) e que, a qualquer momento, eu daria um grito imenso com aquele estranho.

Ele continuava a me falar quais eram os sete alimentos, enquanto eu comecei a gritar, internamente, com ele.

– Você sabe quantos quilômetros eu já corri hoje? Você sabe quantos quilos eu já emagreci? Você sabe há quanto tempo eu não como doce? Você sabe? VOCÊ SABE?

Até que uma voz, tenho certeza de que foi a da sabedoria, me disse:

– Não. Ele não sabe. Ele é só um estranho que acredita que a está ajudando.

Foi assim, nesse momento, que controlei todas as minhas emoções. Respirei fundo, sorri, agradeci e voltei a correr com a sensação mais prazerosa do mundo. Naquele dia, não perdi o meu controle emocional com um estranho.

Inteligência persuasiva ou emocional é a nossa capacidade de gerir, positivamente, nossos sentimentos e emoções.

No livro, *Trabalhando com Inteligência Emocional*, o neurocientista Daniel Goleman diz que a razão pela qual não obtemos a utilização do pleno potencial das pessoas é a incompetência emocional.

No campo da neurociência, estudos nos mostram que as nossas ações são de 5% a 15% conscientes e as demais decisões são tomadas por impulso de ação e reação, de forma inconsciente, ou seja, regida por nossas emoções.

Buscar o constante desenvolvimento da inteligência emocional é o segredo do sucesso do Líder **MODO ON**. Assim como as pessoas vão até a academia para fortalecer seus músculos, devem fazer com as emoções: treinar diariamente.

Se você quiser saber quais são os sete alimentos que emagrecem, responderei que não sei, porque não ouvi nada do que aquele estranho me falou, mas sei quais são os seis As da inteligência emocional e são eles que o(a) ajudarão a expandir o *Mindset* e virar a chave para o **MODO ON**.

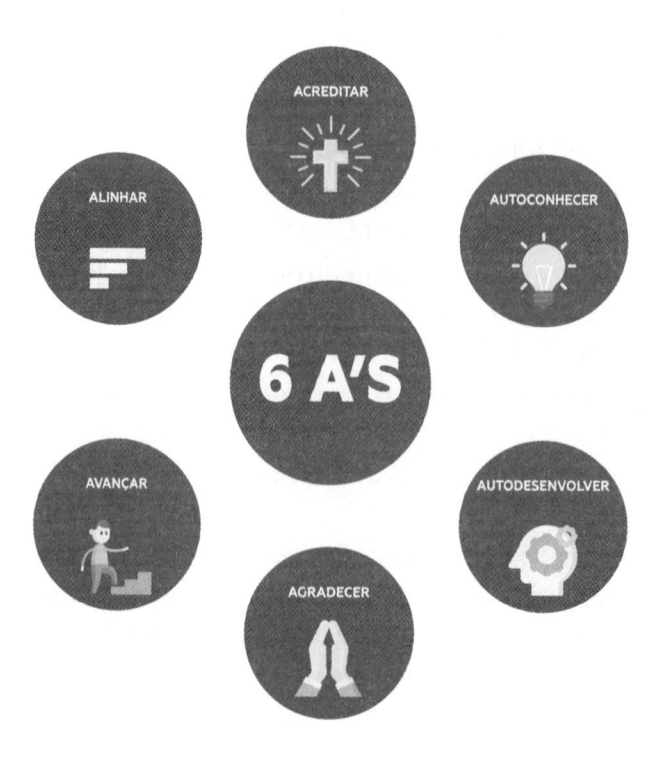

ACREDITAR

6

Era maio de 2018, o Brasil estava paralisado pela greve dos motoristas. Nos mercados, **já começavam a faltar mercadorias**; nos postos, as filas eram imensas e o preço do combustível era o mais alto já existente em nosso país. Nas redes sociais, o Brasil se dividia em quem apoiava e quem era contra a greve e, apesar de ter sido por poucos dias, nosso país caminhava para o caos.

Independentemente da posição que as pessoas adotavam em relação à greve, todos os brasileiros, de alguma maneira, foram afetados.

Estava com viagem agendada para o Rio de Janeiro e precisava abastecer o carro para ir ao aeroporto. Depois de gastar o combustível que tinha, rodando atrás um de posto, encontrei um bem longe de minha casa. Fiz como a maioria das pessoas: parei o carro na fila, aguardei, por duas horas, para ser atendida, rezando para que o combustível não acabasse.

Quando chegou a minha vez, percebi uma faixa, no posto, que indicava que aquele estabelecimento só recebia em dinheiro. Estava com apenas R$ 15,00 na carteira. Para não perder a viagem, decidi colocar esses míseros reais de combustível. Ir até o banco para sacar dinheiro, enfrentar, novamente, a fila e rezar para ter combustível, não era a melhor estratégia, mas essa era a única poss**ível, por isso** disse ao frentista:

– Não sabia que o posto não aceitava cartão, por favor, coloque R$ 15,00.

– Você não quer completar o tanque e deixar o seu carro aqui? – perguntou o frentista, Sr Anderson, um senhor que eu nunca havia visto em minha vida. - Ali para cima, tem um mercado, – continuou ele – você pode ir até lá e sacar o dinheiro, assim não precisará enfrentar a fila novamente.

Eu me surpreendi com essa postura, mas confesso que fiquei preocupada com a hipótese de não ter dinheiro no caixa eletrônico do mercado. Relutei e pedi para ele abastecer apenas os R$ 15,00. Ele me surpreendeu mais ainda:

– Faz o seguinte – disse ele – eu completo o seu tanque, deixo anotado o valor aqui em seu nome, você vai com o carro buscar o dinheiro e nem precisa deixar nenhum documento, PORQUE EU SEI QUE VAI TRAZER O DINHEIRO.

A atitude dele me surpreendeu de tal forma que, na volta, levei um pequeno mimo para lhe agradecer por ter sido tão generoso e confiado em uma pessoa que nunca havia visto na vida. Ao agradecer, ele reforçou dizendo que sabia que eu levaria o dinheiro.

Acreditar é ter fé e São Paulo Apóstolo nos lembra de que Fé é já possuir o que se espera, é ter aquela certeza de que tudo irá acontecer da forma como se espera e deseja.

Eu sei que, para muitos seres humanos, a postura do Anderson, o frentista, foi loucura, afinal vivemos em um mundo em que não podemos confiar nas pessoas, ao menos é isso que se prega, não é verdade?

O que nos faz acreditar que não podemos confiar em ninguém?

Incertezas, medo, insegurança. São esses sentimentos que fazem com que cada vez duvidemos mais e mais dos outros e de nós mesmos. Dúvidas que começam a colocar em xeque o nosso próprio potencial. O inimigo, sempre, é o medo.

Inseguranças e dúvidas têm muitos companheiros. Um deles é o medo do fracasso e esse tem um poder paralisante.

O Líder **Modo OFF** vive no limite do medo: medo de errar, de fracassar, de não ser bom o suficiente, de ser mandado embora, de perder o poder e o controle. Ideias essas que fazem com que duvide das pessoas com quem ele trabalha. Esses medos ultrapassam a vida profissional. Medo é a moeda da opressão, um líder que tem medo sente-se oprimido e oprime seus colaboradores. Infelizmente, as pessoas não percebem que o medo estabelece o limite da liberdade. Liderança não é viver dentro dos limites do medo, mas é enfrentar e atravessar esse medo. A liberdade está do outro lado do medo. Seus sonhos ou decisões não podem ser baseados no medo.

Quando um ser humano duvida de seu potencial, sente-se incapaz, duvida do potencial dos outros também, afinal, funcionamos como um mecanismo de projeção, ou seja, projeto no outro aquilo que sou capaz ou incapaz de fazer. A dúvida leva à incerteza; a incerteza, à insegurança e ao medo, e o medo paralisa! A fé é mais que pensar positivo, a fé é agir apesar do medo, pois ela ultrapassa a barreira do medo.

Para desenvolver o primeiro A da inteligência persuasiva, você precisa crer em algo maior que você, precisa acreditar em Deus, na natureza, no Universo, na mãe Terra, dê o nome que quiser, mas, quando a fé está firme em algo maior que a própria essência do ser humano, ela aumenta a fé em si mesmo, é o que chamamos de auto-confiança.

A autoconfiança produz o empoderamento, que é o poder pes-soal, que, bem utilizado, se torna a nossa capacidade humana de in-fluenciar, positivamente, as pessoas. Grandes líderes usam o poder para capacitar e empoderar outras pessoas.

Independentemente de sua religião, em meu ponto de vista, Jesus foi a pessoa mais empoderada que existiu neste mundo. Ele acredi-tava ser o filho de Deus e, como filho de Deus, agia e levava outras pessoas a crerem e a transformarem suas vidas. Jesus dizia que, se alguém tivesse a fé do tamanho de um grão de mostarda, já era o suficiente.

Exercício Rápido: Você se lembra da sua principal conquista na vida?

Pode ser que tenha sido a compra de um carro, de um imóvel, a conquista de um novo emprego, de uma promoção, do seu casamen-to, do nascimento dos filhos, enfim, algo grandioso para você.

Você se lembra de qual foi o sentimento que teve?

É bem provável que diga algo do tipo: eu me senti feliz, realizado, alegre. E, se pensar bem, vai dizer que o sentimento que tinha, naque-le momento, era o de que seria capaz de tudo.

O empoderamento pessoal nos faz pensar em o que mais podemos fazer. Acreditar em algo nos leva à ação e, à medida que agimos e temos resultados positivos, desenvolvemos nosso potencial, adquirimos novas competências e descobrimos outros talentos. Quanto mais um líder acredita em sua capacidade e em seu potencial, mais acredita em seus liderados. A crença do líder determina o desenvolvimento das pessoas.

Em uma pesquisa realizada com professores e alunos, pesquisadores demonstraram que a crença do professor, no potencial dos alunos, tem influência no desempenho da classe.

No livro, *Desperte o seu Gigante Interior*, Anthony Robbins relata que, num estudo, alguns professores foram informados de que determinados estudantes em suas turmas eram, de fato, excepcionais e que deveriam desafiá-los, constantemente, a fim de continuarem a se expandir. Como esperado, essas crianças se tornaram as primeiras em suas turmas.

O que tornou esse estudo significativo foi o fato de que esses estudantes não haviam demonstrado níveis superiores de inteligência — alguns haviam sido classificados, anteriormente, como estudantes medíocres, mas o senso de certeza de que eram superiores (incutido por "falsas convicções" dos professores) desencadeou o sucesso dos mesmos.

Líderes são aqueles indivíduos que vivem por convicções fortalecedoras e ensinam os outros a explorarem todo o seu potencial, mudando as convicções que os limitavam.

O líder **MODO ON** acredita em seu potencial e, assim, aumenta a fé no potencial de seus liderados. É um círculo poderoso: à medida que eu fortaleço a minha fé em algo maior, aumento a minha crença pessoal e passo a acreditar nas pessoas.

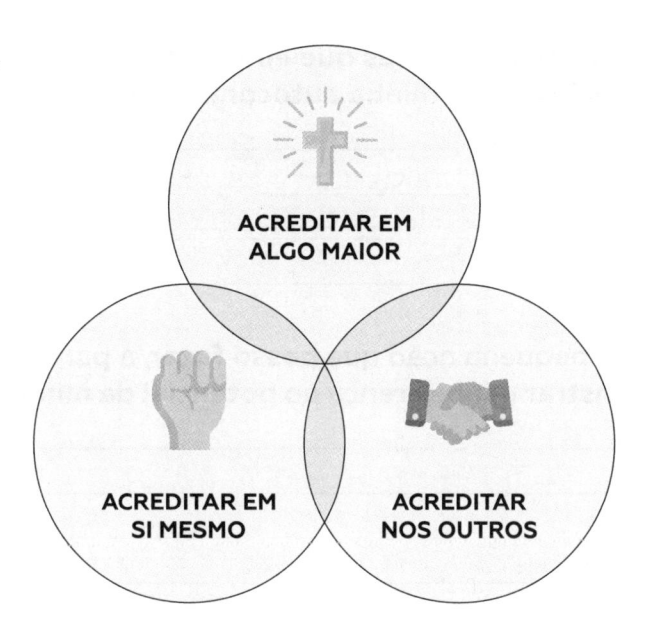

A fé não facilita a nossa vida, a fé nos fortalece. Afinal, o que é acreditar?

É ter uma convicção, é um sentimento de certeza em relação a algo. Por exemplo, se você diz que acredita em sua liderança, na verdade, está dizendo a si mesmo: "Tenho certeza da minha capacidade em liderar". Esse senso de certeza permite-lhe explorar recursos que proporcionam resultados em sua liderança. Todos nós temos as respostas dentro de nós mesmos ou, pelo menos, temos acesso às respostas de que precisamos por intermédio de outros. Muitas vezes, a ausência de convicção ou a ausência de certeza faz com que não usemos a nossa capacidade interior.

Reflita sobre isso e responda:

Quais são as ações diárias que posso ter e fazer para aumentar a minha espiritualidade?

_____

_____

_____

_____

Quais são as convicções que eu tenho sobre mim mesmo e que potencializam a minha autoconfiança?

_____

_____

_____

_____

Qual é a pequena ação que posso fazer, a partir de agora, para demonstrar minha crença no potencial da minha equipe?

_____

_____

_____

_____

AUTOCONHECER-SE

7

Certa vez, enquanto participava de um evento de RH, havia uma empresa oferecendo testes de perfil comportamental. Aparentemente, não me chamou a atenção conhecer a ferramenta, talvez por causa da fila que se formava no *stand*, afinal passei, por lá, diversas vezes, e não quis parar.

Enquanto folheava um livro em uma livraria, uma desconhecida me perguntou se eu tinha feito aquele teste e me disse o quanto ele havia sido revelador para ela que, inclusive, havia até chorado. Convencida por essa história, eu resolvi fazer o bendito teste, afinal, seriam só alguns minutos, não custava nada tentar.

Respondi às cinquenta questões no tempo determinado e recebi um relatório sobre o meu perfil. Enquanto esperava o consultor que me daria o *feedback*, li o resultado e, claro, não concordei com metade do que estava ali.

O consultor se aproximou, segurou o meu laudo e começou apontando as características que eu não havia gostado no laudo

– Ah, seu estilo é o X. – falou se referindo ao teste. – Você é uma pessoa mandona...

– Não, eu não sou. – interrompi.

– Você é sim... - falou enquanto lia o relatório.

– Não, o senhor não está entendendo, não sou assim. – disse franzindo a testa e batendo o pé esquerdo no chão. Postura que costumo ter quando sou contrariada (Uma postura um pouco mandona).

– Bem, você é... - continuou ele não dando a mínima para o que eu estava falando.

Com o intuito de não arrumar confusão com um estranho, coloquei o meu sorriso de paisagem e ouvi tudo o que ele tinha a dizer ao meu respeito, mesmo não acreditando em uma única palavra do que estava me falando.

Na saída, a desconhecida me abordou para saber o que eu havia achado do teste.

– É legal. – respondi sem muita empolgação.

– Legal? Você não chorou?

– Não. Para ser sincera, acho que nem concordei com boa parte do que ele disse.

– Nossa, você tem um coração de pedra mesmo.

Coração de pedra? Eu? Ela nem me conhecia, como poderia falar isso? Aliás, até naquele momento, só tinha gente estranha querendo dar um parecer daquilo que eu era ou deixava de ser. E eu? Sabia quem eu era?

Talvez essa seja a questão a que vamos passar o resto da vida respondendo e nunca haverá uma resposta permanente, porque, a cada momento, descobrimos um pouco mais a nosso próprio respeito.

Antes mesmo de pensar em liderar outras pessoas, antes mesmo de conseguir ajudar alguém, é preciso encontrar a nossa identidade. Isso é possível quando praticamos, diariamente, o autoconhecimento.

Um líder que não busca autoconhecimento, não consegue ter equilíbrio emocional, é visto como uma pessoa instável, inconstante e que não transmite credibilidade, pode até perder oportunidades na carreira.

A busca pelo autoconhecimento é a ferramenta essencial para o desenvolvimento humano. Conhecer-se é enxergar as limitações e também as próprias potencialidades. É entender como funcionamos e compreender os motivos que nos levam a agir em determinadas situações.

O Líder MODO **ON** busca, no autoconhecimento, o seu desenvolvimento, aproveita dos erros como oportunidade de ensinar e aprender, promovendo a expansão do ser, ele sabe que o caminho do sucesso é pavimentado por erros reparados.

O Líder MODO *OFF* acredita que tudo o que sabe sobre si mesmo já é o suficiente; para ele, os outros precisam melhorar. Quando algo desagradável lhe acontece, esse líder leva para o lado pessoal, sente-se rejeitado e acredita que o problema está nas outras pessoas.

À medida que ampliamos a busca por autoconhecimento, fortalecemos o nosso autocontrole, ou seja, escolhendo as situações nas quais, realmente, vale à pena investir o tempo, o foco e a energia, o autoconhecimento permitirá entender o que nos desestabiliza e, compreendendo, poderemos encontrar saídas para que novas situações semelhantes não voltem a acontecer.

Em situações que fogem do nosso controle, enxergaremos as oportunidades de melhoria e teremos condições de retornar, mais rapidamente, ao nosso estado natural. O autoconhecimento facilitará o domínio de nossas emoções, o que poderá evitar sentimentos de baixa autoestima, inquietude, frustração, ansiedade, instabilidade emocional e outros, atuando como importante exercício de bem-estar e ocasionando resoluções produtivas e conscientes acerca das nossas dificuldades no dia a dia. Ter autoconhecimento nos permite enxergar quem, realmente, somos.

Responda, rapidamente, quem é você?

Posso adivinhar? Você usou alguma das respostas abaixo:

Sou líder, sou pai, sou mãe, sou filho, sou a esposa do fulano, sou profissional, sou...

Essas respostas definem os papéis que vivenciamos em nossa vida, mas nem sempre definem quem nós somos.

Somos seres dotados de qualidades, talentos, potencialidades, competências, criatividade, de recursos internos inesgotáveis, mas que nem sempre acessamos por falta de reconhecê-los em nós.

Quantas pessoas você conhece que vive aquém do próprio potencial?

Pessoas que você enxerga que poderiam ter uma vida com mais resultados e viver melhor em todos os sentidos, mas, por não acreditarem ou por não reconhecerem seus talentos, desperdiçam a vida com a mediocridade. Isso faz sentido para você?

Quando falta a luz do autoconhecimento, a sombra da autocrítica prevalece.

Afinal,

"nosso grande medo não é o de que sejamos incapazes. Nosso maior medo é de que sejamos poderosos além da medida. É nossa luz, não nossa escuridão, que mais nos amedronta. Perguntamo-nos: Quem sou eu para ser brilhante, atraente, talentoso e incrível? Na verdade, quem é você para não ser tudo isso? Bancar o pequeno não ajuda o mundo. Não há nada de brilhante em se encolher para que as outras pessoas não se sintam inseguras em torno de você. À medida que deixamos nossa própria luz brilhar, inconscientemente, damos, às outras pessoas, permissão para fazer o mesmo".

Nelson Mandela
Líder e ex-presidente da África do Sul

Agora, colocando luz em quem você, realmente, é, escreva 10 pontos em que sabe que é bom para caramba.

Ah, talvez a voz da sua autocrítica esteja tão alta que não consiga enxergar os seus pontos fortes, por isso pense nas coisas que tenha facilidade para fazer e em que seja reconhecido.

Talvez você tenha facilidade para motivar as pessoas, seja um bom ouvinte, pense rápido, saiba dar bons conselhos, siga métodos, seja disciplinado, consiga cumprir metas, expresse-se bem, tenha facilidade em amar as pessoas (o mundo está carente de pessoas que tenham esse talento), enfim, esses são alguns exemplos apenas para ajudá-lo, mas escreva aquilo em que, realmente, você seja bom.

1. _____

2. _____

3. _____

4. _____

5. _____

6. _____

7. _____

8. _____

9. _____

10. _____

Se você escreveu apenas três e parou porque não se lembra de mais nada, cuidado, a voz da sua autocrítica está muito alta, por isso o meu conselho é que deixe este livro de lado, vá dar uma volta e só volte na hora em que se lembrar de, pelo menos, mais sete.

Se estiver tão difícil, assim, para você se lembrar, escreva uma mensagem para cinco pessoas, que você conheça, em quem confie, e envie o seguinte texto:

Olá, tudo bem? Estou lendo um livro sobre liderança e preciso fazer um exercício, você poderia me ajudar? Gostaria que me enviasse uma lista com os pontos fortes que acredita que eu tenha.

Desde já agradeço, pois a sua opinião me ajudará em meu desenvolvimento pessoal.

Feito isso, avalie as respostas em comum entre as pessoas que atenderam ao seu pedido e reflita se o ponto de vista dos outros faz sentido para você.

Autoconhecimento é colocar luz em nossos pontos fortes, reconhecê-los nos motiva, nos dá energia, sentimento de autoconfiança e aquela sensação de ser f*da. Também é colocar luz nos pontos que precisam de melhoria e isso nos dá sabedoria para melhorar e expandir.

Liste três pontos em que precisa melhorar.

1. _____

2. _____

3. _____

Ficou na dúvida, faça o mesmo exercício anterior, envie uma mensagem solicitando o *feedback* das cinco pessoas que mais convivem com você e avalie o que é comum entre as respostas recebidas.

Agora, dos três que você listou, escolha apenas um em que, se você colocar foco e energia, pode melhorar em relação aos outros dois.

1. _____

Enxergar o que precisa melhorar é o primeiro passo para a mudança, mas ter consciência e não entrar em ação em busca de desenvolvimento é ainda viver na ignorância.

Qual será a menor ação que realizará, a partir desta leitura, para desenvolver o ponto escolhido?

_____

_____

_____

Não tenha medo de buscar melhorias. Sabe o que acontece quando se evolui em um ponto? Outros aparecem para serem desenvolvidos e graças a Deus por isso.

Somos seres em constante evolução e, enquanto estivermos vivos, há chances de mudarmos, melhorarmos e nos aprimorarmos. Eu, particularmente, tenho medo do dia em que não tiver mais nada para melhorar e Deus achar que o meu tempo, aqui na Terra, já foi suficiente e me levar para brilhar em outro plano. É por isso que, diariamente, busco ter consciência de quem sou, reconheço a minha história, valorizo os meus pontos fortes e avalio minhas lacunas de desenvolvimento.

As pessoas em MODO *OFF* esgotam suas energias, no trabalho, nas redes sociais, e, no final do dia, se apagam em suas camas, sem reservar, ao menos, cinco minutos para fazer uma análise de como foi o seu dia. Para viver no MODO *ON*, basta reservar esses minutos diários para rever seu comportamento, relembrar a sua história, reconhecer os seus pontos fortes e pontos de melhorias.

REFLITA DIARIAMENTE:

- No dia de hoje, agi de acordo com o que eu acredito?
- Consegui potencializar meus talentos?
- Houve situações em que me surpreendi com meu comportamento e reação? Por quê? O que me levou a agir assim? Em qual ponto essa situação me desestabilizou? Se tivesse uma situação semelhante, o que poderia fazer diferente?

AUTODESENVOLVER-SE 8

Você quer ter sucesso em sua vida?

Hum, deixe-me adivinhar. A resposta deve ter sido positiva, não é mesmo? Independente da definição de sucesso, que você tenha, todos nós desejamos ser bem-sucedidos em nossas vidas.

Agora, sabia que o sucesso, em sua vida, está proporcionalmente ligado ao investimento que faz em seu desenvolvimento pessoal?

Sou empreendedora, apesar de ter criado a minha empresa, em 2009, precisei de mais dois anos para fazer a minha transição de carreira e, desde que comecei a atuar, adquiri um hábito de gestão que trago até hoje: avalio os números.

Este é o gráfico de crescimento de minha empresa de um ano para outro:

Análise de Crescimento

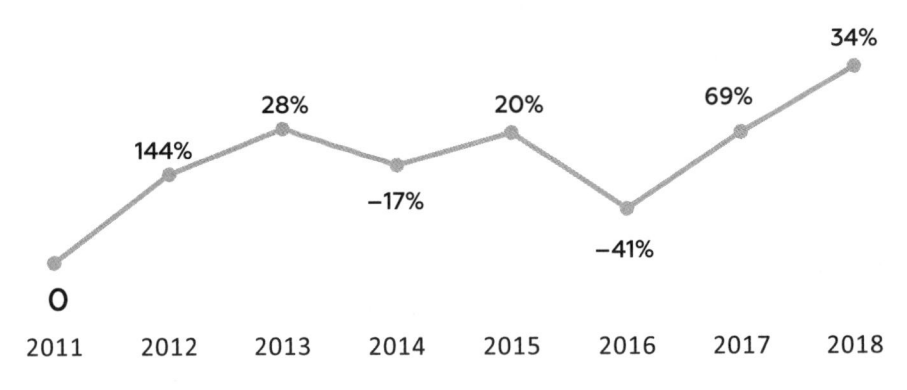

Não sei se você observou, mas 2016 foi o pior ano para o meu trabalho, talvez você esteja se perguntando...

Se houve algum problema de saúde, se trabalhei menos do que nos anos anteriores ou se a crise, que havia se instalado, em nosso país, atingiu o meu negócio.

Na verdade, o ano 2016 foi um em que mais trabalhei em minha vida, visto que foi quando comecei, de fato, a trabalhar em meu escritório. Promovia, constantemente, palestras e eventos gratuitos, a fim de ser conhecida e ter a chance de fechar negócios, mas tudo isso não me garantiu aumentar o meu rendimento, pelo contrário, reduzi em 41% os meus ganhos.

Quer saber o que houve nesse ano? Eu cometi dois erros.

O primeiro é que, todos os anos, traço minhas metas e objetivos, faço uma planilha de tudo o que desejo em minha vida pessoal e profissional, monitoro, durante o ano, para ver o quanto estou perto de atingir o que desejo. Como boa administradora que sou, tenho gráficos e planilhas das metas que realizo ano a ano.

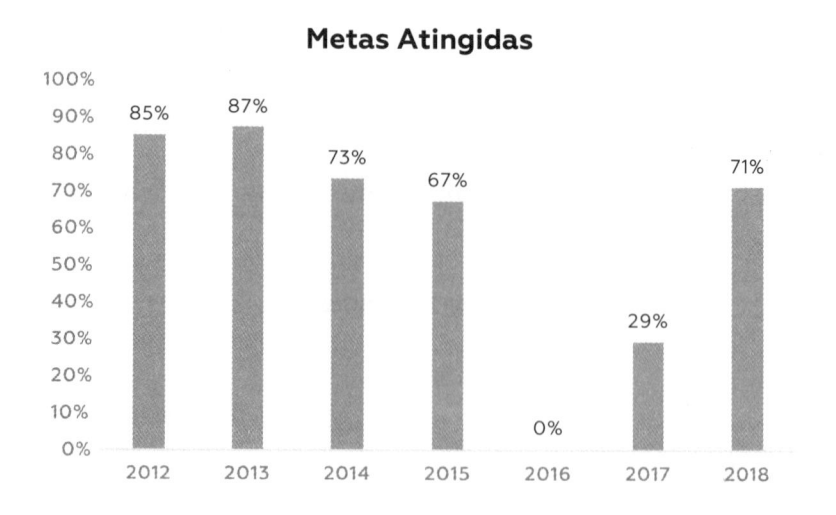

Observou o que houve em 2016? Foi o primeiro ano que não fiz essa planilha. A primeira lição que podemos aprender, com essa minha atitude, é que nada adianta colocar energia e entrar em ação, se não soubermos para onde estamos caminhando.

O segundo erro que cometi e, esse confesso, foi crucial para minha vida, foi que, em 2016, não "tive tempo" de investir em minha capacitação pessoal. Não realizei nenhum curso em minha área, logo os meus resultados foram sofríveis.

Horas de Treinamento Realizado por ano

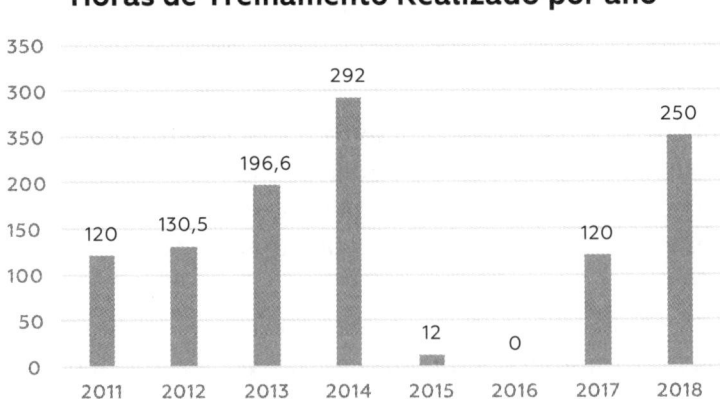

Ao avaliar esses números, percebi o quanto é verdadeira a máxima: ou você está se desenvolvendo e crescendo ou você está parado, morrendo.

Talvez você não tenha esses dados, ou essas planilhas, assim como eu tenho, mas vamos fazer um teste rápido:

1. Quando fez o último curso?
2. Quando leu o último livro?
3. Quando foi implantada a última ideia de sucesso no seu trabalho?

Se você está preso e se vangloriando de projetos, ideias, cursos e resultados que teve há cinco anos, cuidado, você está entrando em uma zona perigosa e o <u>resultado</u> disso é o fim.

Há profissionais que investem pesado, em seu desenvolvimento, antes de se tornarem líderes, e, assim que assumem um cargo de gestão, dizem que não têm tempo para se desenvolverem, ou ainda, quando a empresa promove algum treinamento, envia os colaboradores, mas acredita que ele não precisa daquilo.

CUIDADO! Você está cavando a própria cova.

Vejo isso acontecer com frequência, muitos estão presos no último livro lido, em 2009, ou se gabando do MBA que fizeram em 2010, por exemplo.

Jim Holm dizia que, se você quiser ter sucesso, em qualquer área de sua vida, precisará investir em seu Desenvolvimento Pessoal.

Para se desenvolver, é necessário criar alguns bons hábitos, tais como:

LEITURA: acredito que um livro seja um *workshop* VIP entre o autor e o leitor; os livros têm o poder de expandir a mentalidade. Sei que há alguns livros de liderança que são técnicos e densos, mas até aqui citei vários outros livros que contribuirão com a sua mudança de Mindset.

Você não precisa de muito tempo diário para leitura. Pela minha experiência, 15 minutos é o tempo ideal para ler por dia; muitas vezes, esse tempo é gasto na *timeline* vendo assuntos que nada agregam ao seu desenvolvimento pessoal. Aproveite, sabiamente, o seu tempo.

Eu recomendo que:

- Tenha um horário pré-estabelecido para ler, diariamente; eu gosto, particularmente, de ler pela manhã.
- Escolha um cômodo da sua casa, em que se sinta mais confortável, para ficar, por 15 minutos, sem ser interrompido.
- Coloque o alarme de seu celular para tocar em 15 minutos e comece a ler; se tiver mais tempo e a leitura estiver interessante, continue, senão prossiga no dia seguinte.
- Tenha um caderninho de anotações para colocar os principais *insights* que teve durante a leitura.
- Faça um favor a mim, a você e ao seu livro: rabisque-o.
- Livros foram feitos para serem riscados, grifados, pintados, assim, as palavras ganham vida e tocam o seu coração transformando a sua vida.
- Tenha o hábito de ir a livrarias, passe um tempo lá dentro, permita que alguns livros escolham você, compre livros, dê livros de presente e leia livros, porque livro bom é livro lido.

Eu tenho o hábito de, sempre que começo a ler algum livro, procurar se há algum vídeo sobre o autor, assim, quando leio, posso imaginá-lo falando comigo, com sotaque e trejeitos.

PALESTRAS: poderão ser assistidas *online*. A internet disponibiliza um conteúdo infindável e gratuito para o desenvolvimento pessoal. Você poderá assistir a vídeos do Leandro Karnal, Mário Sérgio Cortella, Pedro Calabrez, Damaris Alfredo, entre outros tantos palestrantes bons.

O TED é uma plataforma que tem conteúdo gratuito e nela poderá encontrar palestras de profissionais do mundo todo que são referências na área de atuação, baixe o aplicativo e assista, ao menos, a uma por semana. Indico quatro palestrantes que você deve conhecer nessa plataforma: Daniel Pink, Brené Brown, Carol Dweck, Simon Sinek.

CURSOS E TREINAMENTOS: não espere pela empresa. A carreira é sua, por isso, ao menos uma vez por ano, reserve um momento para fazer um curso de desenvolvimento pessoal, pode ser um programa de imersão ou até mesmo de formação.

COACHING: se ainda não teve oportunidade de passar por um processo de coaching, coloque isso como uma meta de vida e determine um prazo para fazê-lo. Você nunca mais será o mesmo depois desse processo. O coaching é transformador.

PESSOAS: o Neurocientista Daniel Goleman afirmou, em um estudo, que:

11% da população são pessoas engajadas, motivadas e que atuam com foco concentrado, possuem automotivação e desejo de aprender.

19% da população são pessoas aderentes, ou seja, elas também são engajadas, motivadas, porém buscam inspiração nos 11% para fazerem algo.

50% da população são turistas, ou seja, não entenderam bem, ao certo, o seu papel aqui na Terra.

20% da população são terroristas, ou seja, não criam nada e ainda "detonam" tudo o que os outros estão fazendo.

Escolha as pessoas com as quais quer conviver. Já deve ter ouvido a frase de Jim Rohn que diz que "você é a média das cinco pessoas com quem mais convive". O ambiente, em que vivemos, afeta os nossos resultados. Se você quiser investir em desenvolvimento pessoal, escolha estar com pessoas que estejam entre os 11% e os 19% da população.

Sei que, no ambiente corporativo, nem sempre escolhemos com quem iremos conviver, pode ser que, neste momento, você esteja trabalhando com um chefe 20%, mas para que a mentalidade dele não transforme a sua realidade, em sua vida pessoal e social, esteja cercado de pessoas que tenham o desejo do autodesenvolvimento, pois isso afetará, diretamente, em seus resultados.

Seja viciado em aprender e desenvolva esse desejo em seus liderados. Tenha certeza, quando parar de aprender, parará também de liderar e as pessoas irão embora.

Reflita sobre isso e responda:

1. Quais são as ações diárias que posso ter e fazer para buscar o meu autodesenvolvimento?

---

2. Quem são as pessoas com as quais escolho conviver para aumentar o meu nível de desenvolvimento pessoal?

AGRADECER

9

Você já percebeu o quanto as pessoas estão utilizando, nas redes sociais, a #GRATIDÃO?

A Neurociência comprovou que as pessoas que são gratas são mais leves, bem-humoradas e felizes.

Muito mais que um sentimento, a gratidão é um hábito e, à medida que você agradece, reconhece tudo o que tem; na mentalidade da reclamação, que é o contrário da gratidão, todas as vezes que reclama, reconhece o que não tem e, ao perceber isso, mais infeliz se torna. Parece que quanto mais infeliz uma pessoa é, mais motivo para reclamar ela tem, porque a mente humana funciona através do foco e, em tudo aquilo em que se foca, expande, tanto para o positivo quanto para o negativo.

No **MODO *OFF***, somos levados a enxergar pela mentalidade da escassez, nada do que temos é o suficiente. No **Modo *On***, aprendemos a valorizar e reconhecer que a vida é uma dádiva e tudo o que acontece é uma oportunidade de crescimento.

Certa vez, uma cliente me falou de três comportamentos que seu pai tinha e que a deixava muito incomodada.

Quando ela terminou a queixa, perguntei-lhe:

– Seu pai também tem coisas boas, não é mesmo?

Ela concordou e começou a descrever tudo de bom que o pai tinha.

Perguntei se já tinha agradecido ao pai por tantas coisas boas, mas me disse que nunca havia feito isso.

Sugeri que ela escrevesse. No final, verificamos e ela havia anotado 15 pontos positivos para agradecer ao pai, contra apenas três queixas negativas.

Agradecer não é um sentimento. Ninguém precisa se sentir grato para agradecer. Agradecer é uma decisão, à medida que se agradece e reconhece o que tem, a pessoa se sente mais feliz e mais grata.

Gratidão na Prática:

Rapidamente, escreva cinco motivos pelos quais você é grato.

1. _____

2. _____

3. _____

4. _____

5. _____

Pode ser, simplesmente, por estar vivo, pois muitos não tiveram a mesma sorte que você, pela sua saúde...

Enquanto escrevo este capítulo, estou aguardando, na recepção do hospital, para ser atendida porque derrubei, na academia, um peso em meu dedo da mão direita e quebrei um ossinho, por isso, mais do que nunca, sei que ter saúde é um ponto crucial, em nossa vida, para conquistarmos tudo o que desejamos.

Em um país onde há tantas pessoas que não têm acesso à leitura, você pode ser grato(a) por isso, por ter emprego, casa, comida, inteligência, capacidade de compreensão, por este livro que está lhe dando a oportunidade de mudar o seu *MINDSET*, enfim, motivos não lhe faltam para agradecer.

Como líder, não deve fazer isso somente com você, ou esperar até o final do ano para agradecer à equipe, deve ter atitudes de gratidão diária com todos.

Pense em seus colaboradores! Agora, pense em um ponto positivo que cada um tem, pensou? Está vendo, já tem uma listinha para fazer uma reunião e agradecer a cada um pela valiosa contribuição para o seu trabalho e para a empresa.

Cuidado com a mentalidade do Líder **Modo OFF** que acredita que, se elogiar alguém, estraga. Essa mentalidade é um câncer dentro das organizações. A falta de reconhecimento e de direcionamento é que "estragam" as pessoas.

Você pode implantar com a sua equipe algumas ações concretas de agradecimentos, como por exemplo:

Reconhecer publicamente: uma vez por semana, reconheça, publicamente, um colaborador por uma atitude notável; escolha as ações que a sua empresa valoriza e as que estejam atreladas com os valores organizacionais.

Reconhecimento entre membros da equipe: faça a sua equipe reconhecer uns aos outros e agradecer-lhes por algo que tenham feito.

Trabalhei em uma empresa que tinha a filosofia do peixe. Baseada em um vídeo de uma peixaria de Seattle (SEATTLE "PIKE PLACE FISH CO."), essa empresa tinha um peixinho de pelúcia e, uma vez por mês, um colaborador era escolhido para ficar com a mascote, de acordo com um bom trabalho que havia feito. Esse reconhecimento, entre os membros da equipe, acontecia num momento específico de uma reunião em que todos estivessem presentes.

Promova o dia da Gratidão: os brasileiros têm o hábito de copiar tantas coisas dos americanos que, até hoje, me pergunto por que, ainda, não implantamos o dia de Ação de Graça, em nosso país, mas você poderá implantá-lo em sua empresa. Defina um dia em que todos poderão trazer um lanche comunitário e, antes da refeição, cada um pode dizer um motivo pelo qual é grato.

Você perceberá que a gratidão promoverá uma maior abertura para poder direcionar e desenvolver os seus colaboradores; ela abre o caminho e quebra a resistência à mudança.

E aí? Qual será a primeira pessoa a quem irá agradecer depois deste capítulo?

AVANÇAR 10

Responda, com sinceridade, alguma vez, na vida, depois de implantar novos hábitos, pensou em voltar aos antigos comportamentos?

Aposto que sua resposta foi positiva, acertei?

A mente humana não gosta de mudanças. A tendência é buscar a zona de conforto, por isso há tanta resistência em mudar. Nossa mente é mestra em criar histórias, em mentir para nós mesmos com o intuito de justificar que o nosso antigo comportamento era o melhor.

Somos seres de hábitos bons e ruins. No livro, *O Poder do Hábito*, Charles Duhigg diz que os hábitos surgem porque o cérebro está o tempo todo procurando maneiras de poupar esforços. Se deixado por conta própria, o cérebro tentará transformar qualquer rotina num hábito, pois os hábitos permitem que nossas mentes desacelerem com mais frequência. Esse instinto de poupar esforço é uma enorme vantagem.

Quando um hábito surge, o cérebro para de participar, totalmente, da tomada de decisões. Ele para de fazer tanto esforço, ou desvia o foco para outras tarefas. A não ser que você, deliberadamente, lute contra um hábito, que encontre novas rotinas, o padrão irá se desenrolar automaticamente.

Os hábitos dão forma a nossa vida muito mais do que percebemos – são tão fortes, na verdade, que fazem com que nossos cérebros se apeguem a eles a despeito de todo o resto, inclusive do bom senso.

No piloto automático não há gasto de energia (aparentemente), o que faz com que fiquemos, em nossos hábitos mentais, criando sempre a mesma historinha.

Quando você se permite avançar, ir adiante, isso faz com que saia de sua zona de conforto e, nesse momento, é forçado a entrar em sua zona de esforço e tem a sensação de que não sabe mais trabalhar, porque, nesse estágio, precisa estar consciente do que está fazendo. É na zona de esforço que se avalia o quanto sabe e o quanto precisa aprender; é nesse estágio, também, que tem a vontade de querer regredir, afinal antes você sabia como agir, o que fazer e, agora, precisa estar consciente, pensando, avaliando, no entanto, na medida em que avança e segue, adquire novos hábitos, expande sua mentalidade e flexibiliza suas competências, criando uma nova zona de conforto ampliada.

NOVA ZONA DE CONFORTO

ZONA DE ESFORÇO

ZONA DE CONFORTO

É por isso que devemos implantar, em nossas vidas, o hábito de mudar sempre: as pequenas rotinas, o caminho de ir para o trabalho, os locais que frequentamos, os programas que fazemos, os exercícios físicos, enfim, não importa o que seja, o importante é, constantemente, realizarmos mudanças, dessa forma, quando as grandes aparecerem, ficará mais fácil mudar o que é necessário e nos adaptarmos a elas.

Quando estamos em um estado de evolução humana, é natural que surjam obstáculos, eles não devem servir para nos fazer parar, ao contrário, devem servir como fonte para a expansão do *Mindset*.

Um líder **Modo OFF** enxerga, no obstáculo, a desculpa perfeita para voltar aos velhos hábitos; já o líder **Modo On**, a oportunidade para persistir e encontrar soluções inovadoras.

Se obstáculos acontecerem, você precisa resgatar a persistência que é uma competência inerente à criança.

Você já viu uma criança pedindo alguma coisa?

Ela insiste, persiste, muda a forma de agir até vencer os pais pelo cansaço e conquistar o que deseja.

Quando eu era criança, tinha uma vizinha que havia se mudado há pouco tempo para perto de casa. Essa senhora tinha deixado a metade dos parentes em Rinópolis, uma cidade próxima a Osvaldo Cruz. Ela estava em Santa Bárbara d'Oeste, mas o coração ainda estava em Rinópolis. Diariamente, ela me contava, com saudades, como era cada detalhe da sua cidade natal. O ar, a terra, o verde, as pessoas, tudo era tão mágico e diferente naquela cidade, que, é claro, me despertou o desejo de conhecê-la. Aos doze anos de idade, quando muitas crianças estavam sonhando em ir para a Disney, meu grande sonho, na vida, era viajar para Rinópolis.

Minha mãe era um tanto controladora e não me deixaria, por nada, viajar sem a presença dela. Naquele momento, não estava em seus planos fazer uma viagem assim. Para que eu realizasse o meu sonho, era necessário que eu tivesse um plano.

Comecei a lhe pedir para viajar, mas, como já era esperado, recebi um grande e generoso NÃO. Deve ter vindo acompanhado de mais alguma coisa do tipo:

– Ficou doida? Até parece que vou deixar você viajar sem mim.

Como não era de desistir, resolvi insistir mais uma vez:

– Deixa, mãe!

Dessa vez a frase veio completa.

– NÃO! E pronto e acabou!

Essa resposta queria dizer que, se eu insistisse mais um pouco, ela esquentaria o meu couro ou me deixaria de castigo por mais de um ano.

O único jeito foi respirar fundo e sair de perto. Até eu, que sou insistente, sabia que, se continuasse daquela forma, não iria conseguir o que queria. O jeito era encontrar outra estratégia.

Só havia uma forma, ser a melhor filha do mundo e, como reconhecimento, minha mãe poderia se sensibilizar e me deixar viajar.

Comecei a fazer tudo o que faz a melhor filha: lavava as louças sem ser solicitada, fazia a lição de casa antes que ela me falasse para fazer, tomava banho no horário, mas, quando tocava no assunto de Rinópolis, a resposta era sempre a mesma. Não estava dando certo. O jeito era apelar para o superior imediato e foi o que fiz.

A minha mãe tinha uma fé inabalável. Todos os dias, ela se levantava pela manhã, lia a Bíblia e fazia uma oração. Comecei a usar a mesma estratégia. Antes de lavar as louças, entrava em um quarto, certificava-me de que a porta estivesse entreaberta, dobrava meus joelhos e fazia uma oração. Assim que percebia que ela tinha me visto, levantava-me e ia lavar as louças. Uma semana depois, com essa estratégia, minha mãe veio me perguntar por que estava orando tanto e, simplesmente, respondi que pedia a Deus para fazer com que ela me deixasse ir para Rinópolis.

Sei que coloquei um grande dilema nas mãos de minha mãe. Se ela dissesse não, poderia afetar a fé de uma criança. Essa atitude a fez repensar. Naquela mesma noite, ela me autorizou a viajar.

Admiro a persistência que a criança tem. Quando ela quer algo, arruma meios para fazer acontecer, mas parece que, quando a gente cresce, se acomoda diante dos medos, dos obstáculos, das dificuldades e perde, ou melhor, deixa de usar o talento de persistir. A persistência é a capacidade de continuar com os esforços mesmo frente aos mais desanimadores desafios ou obstáculos. A excelência pessoal depende de um comportamento persistente, pois nem sempre a conquista dos objetivos é fácil e o caminho é reto e sem obstáculos.

Num mundo em que a grande maioria desiste e morre na praia, aqueles que são persistentes avançam, alcançam o céu e passam na frente de todos os outros que cederam no meio do caminho. Em matéria de liderança, a persistência é a qualidade que faz com que o líder Modo *On* consiga vencer as suas limitações e desenvolver habilidades.

Para avançar, é preciso saber onde está, para onde deseja ir e perguntar, constantemente, qual será o próximo passo.

Reflita sobre isso e responda:

1. Qual líder quer se tornar?

_____

_____

_____

2. O que deseja ouvir de seus colaboradores a seu próprio respeito?

_____

_____

_____

3. O que precisa fazer, agora, para ser esse líder que deseja ser?

_____

_____

_____

4. O que precisa fazer daqui a um mês para ser esse líder que deseja?

_____

_____

_____

5. O que precisa fazer daqui a seis meses para ser o líder que deseja?

_____

_____

_____

6. O que precisa fazer daqui a um ano para ser o líder que deseja?

_____

_____

_____

Minha sugestão é que copie essas perguntas e respostas e coloque-as em um local visível, dessa forma, sempre, se lembrará de seus objetivos.

Se quiser aumentar ainda mais o seu compromisso com a realização de seus objetivos, compartilhe o que escreveu com aquela pessoa com quem sabe que poderá contar sempre, com aquele amigo 11%. A partilha de nossas metas e objetivos aumenta, significativamente, a conquista deles.

No processo de mudança, você vai sentir medo, é natural e bom que seja assim. Não estou falando, aqui, do medo que nos paralisa, que nos dá angústia, mas daquele que dá frio, na barriga, todas as vezes que experimentamos algo novo, daquele gelo que sentimos quando não estamos no controle e não temos muita certeza do que vem pela frente. Esse sentimento é um excelente indicador de que você está no caminho certo, afinal, a vida anda para frente é Vida que segue e não que retrocede.

ALINHAR-SE

11

Quem são as pessoas mais importantes na sua vida?

Não o conheço suficiente, mas posso afirmar que deve ter respondido que são os seus pais, seu (s) filho (s), seu cônjuge e alguns amigos, acertei? Não, necessariamente, nessa ordem, mas, com certeza, em sua resposta contém um desses grupos.

Agora, você concorda, comigo, que as pessoas que dizemos que são as mais importantes em nossas vidas, geralmente, são as que menos recebem a nossa atenção? Ou pior, são as pessoas que aguentam o nosso mau humor, a nossa falta de paciência, são aquelas que, infelizmente, recebem o nosso lixo emocional.

Deixei você se sentindo culpado? Não fique, pois não está sozinho nesse barco, pode ter certeza disso.

Na maioria das vezes, isso acontece porque nos falta o último, no entanto um dos mais importantes, A da Inteligência Persuasiva, que é o alinhamento.

A palavra alinhar significa nivelar, colocar nos eixos. O **LÍDER MODO ON** que vive o alinhamento é aquele que age e se comporta de maneira coerente com o que acredita em com base em seus valores.

Pessoas no **MODO OFF** vivem uma vida que não é delas, estão mais dispostas a ter atitudes que agradam aos outros e não a si mesmas. A necessidade que têm de aceitação supera a clareza do que, realmente, é importante para elas. Fazem coisas que as contrariam, sem ter consciência disso, por isso vivem estressadas, cansadas, amarguradas e infelizes. Não avaliam o que, de fato, lhes importa, não levam em consideração que, talvez, algo que tenha sido importante, um dia, já não tenha mais a mesma importância, hoje, com isso, vivem uma vida de conflito e tortura interior.

Alinhar é ter clareza de quais são os nossos valores, o que realmente nos importa. Isso facilita na tomada de decisão. Os valores guiam cada decisão que tomamos. Quem conhece os seus valores e vive de acordo com eles, torna se um líder na nossa sociedade.

Imagine que, para você, o importante é ficar próximo aos membros da sua família, no entanto recebe uma proposta para trabalhar em uma cidade distante e não poderá mais conviver, diariamente, com eles. Se o valor "família" for, realmente, importante para você, se a convivência diária for algo que preze, não sofrerá para tomar essa decisão.

Agora, se o valor "família" for importante, mas crescer, rapidamente, na carreira e ser reconhecido por isso também, é provável que entre em uma zona de guerra interna e um conflito interior se instale na sua cabeça. Todas as vezes que tiver dificuldades para tomar uma decisão, tenha certeza de que isso é resultado de seus valores indefinidos. É, nesse momento, que o alinhamento se torna importante.

Quem são os seus heróis? Pare para pensar. Essas pessoas vivem de acordo com aquilo em que acreditam? Nós respeitamos pessoas que defendem aquilo em que acreditam, mesmo que não concordemos com suas ideias. Há poder em pessoas que vivem de acordo com seus valores.

O que, realmente, é importante para você na vida?

Sucesso? Qualidade de vida? Trabalhar com autonomia? Ter equilíbrio emocional? Ter poder de decisão? Desenvolver pessoas? Ser um líder "top das galáxias"? Ganhar milhões e conquistar a tão sonhada independência financeira? Fazer o seu trabalho com excelência? Ter reconhecimento profissional? Comprar tudo o que sonhou na infância? Ajudar as pessoas? Criar seus filhos? Constituir uma família? Viver segundo a sua fé?

Há alguns anos, recebi um convite que, para muitos, seria uma proposta tentadora: fazer parte da equipe de um líder reconhecido nacionalmente. Meu trabalho seria desenvolver pessoas aplicando a metodologia de trabalho que ele havia criado. Apesar de ser um líder que eu admirava e enxergar a proposta como uma oportunidade de crescimento, além dos ganhos financeiros que, vou confessar, eram bem atrativos, recusei-a. Sabe por quê? Porque nela havia um item com o qual não concordei: eu teria que fechar a minha empresa e trabalhar com exclusividade para ele. Não pensei duas vezes para agradecer pelo convite nem para recusar a oferta.

Enquanto o assessor do líder tentava me convencer do quanto aquela proposta era atrativa, eu apenas me questionava, internamente, onde gostaria de estar em cinco anos e o que estaria fazendo?

A resposta era apenas uma:

– Quero estar, na minha empresa, fazendo o que estou fazendo agora.

Quando você sabe quem é e o que considera importante, na sua vida, não cai em cilada. Sua liderança precisa acontecer por um propósito e não por um status.

No livro, *Desperte o seu Gigante Interior*, Anthony Robbins diz que a maior tragédia, na vida de uma pessoa, é quando ela sabe o que quer, mas não tem a menor ideia de quem quer ser. Conseguir coisas não satisfaz ninguém. Só viver e fazer o que acreditamos ser a "coisa certa" é que nos proporcionarão o senso de força interior que merecemos.

Pare por um momento para refletir:

De tudo o que tem (desde os seus bens materiais, pessoas que convivem com você, até os seus talentos e a sua capacidade intelectual), qual seria a única coisa que, se perdesse, faria a sua vida desmoronar e ficar sem sentido?

Forte essa reflexão, não é mesmo? Chega a nos dar um pouco de angústia, porque não fomos feitos para perder. Apesar de as perdas fazerem parte do processo chamado vida, nós queremos ganhar sempre: ganhar vida, ganhar tempo, ganhar saúde, ganhar disposição, ninguém quer perder nada, mas pense na hipótese.

Por muito tempo, ao me fazer essa pergunta, a minha resposta vinha rápido: era o trabalho. Quem me conhece sabe o quanto sou feliz trabalhando e o quanto essa identidade de mulher trabalhadora é importante para mim. O trabalho me proporcionou estudar e conquistar os meus sonhos materiais. Foi através do trabalho que também fiz grandes amigos, no entanto, há alguns anos, ao analisar, capciosamente, essa pergunta, encontrei uma resposta mais profunda.

Se eu tiver o trabalho, mas não tiver saúde e me faltar a fé em Deus, a fé em mim e a fé nas pessoas, nada fará sentido. Foi através desse *insight* que alinhei alguns pontos importantes para a minha vida. O trabalho continua sendo importante, para se ter uma ideia, já trabalhei mais de 16 horas sem almoçar, hoje, como o meu valor "saúde" vem antes do meu valor "trabalho", tomo decisões e tenho comportamentos inerentes a isso. Claro que há dias mais corridos, mas não deixo de fazer os meus lanches, não deixo de respeitar o meu corpo e a minha saúde.

Os meus cinco valores são:

- **Fé:** acreditar em Deus, em minha capacidade de ser cada dia melhor e no potencial das pessoas.
- **Saúde/Vitalidade:** cuidar da minha energia vital, saúde física, mental e emocional, sabendo que minha saúde é a força motriz para realizar tudo o que desejo.
- **Coragem:** capacidade de seguir e viver de acordo com o meu coração, dando um f*da-se para o que os outros estão pensando em relação às minhas atitudes e decisões.
- **Desenvolvimento Pessoal:** capacidade de buscar, diariamente, o conhecimento, a fim de expandir a minha mentalidade.
- **Criatividade:** capacidade de ter novas ideias e colocá-las, rapidamente, em prática buscando novas soluções.
- **Agilidade:** capacidade de seguir adiante, tanto no aspecto emocional, quanto no físico e no financeiro, encontrando novos caminhos, sendo resiliente e flexível.

Esses são os principais, porém, na minha lista, ainda contém: alegria, honestidade, inteligência, gratidão, abundância e amor.

De quais valores precisaria para ser um Líder **Modo On?**

Volte ao capítulo 9, veja qual tipo de líder quer ser e defina os valores com base nessa escolha.

EQUIPE MODO *OFF/ON* 12

Mentalidade não se refere, apenas, à forma de pensar do indivíduo, mas também a forma de um grupo, ambiente ou organização, pensar e agir.

Existem alguns pensamentos que são inerentes a certas organizações, por exemplo, você já ouviu, em sua empresa, alguma das afirmações abaixo?

- Aqui, é sempre assim;
- Nem adianta tentar algo novo, porque, aqui, nada muda;
- Antigamente, as coisas eram bem melhores;
- O antigo sistema funcionava melhor que esse;
- Eles (a empresa) veem só o lado deles e não o nosso (colaboradores);
- A empresa só quer lucrar;
- *Feedback*? Nunca vi;
- Motivação? Que nada, aqui, você tem que dar o sangue;
- Aqui, eu carrego o piano e o pianista nas costas;
- Eu odeio trabalhar neste inferno.

Frases desses tipos são inerentes à mentalidade MODO *OFF*. Eu me recordo de que, há alguns anos, fui contratada para trabalhar em uma empresa, onde, com menos de 4 horas de trabalho, uma colaboradora me perguntou o que eu havia estudado. Respondi e ela concluiu:

– Nossa, estudou tanto e veio trabalhar neste inferno?

Eu olhei para ela, sorri e perguntei:

– E você, há quanto tempo está neste inferno?

Na ocasião, ela estava, na empresa, há cinco anos e permaneceu, lá, por mais dez anos. Era tão ruim trabalhar naquele lugar, naquele inferno, que ela dedicou mais de 15 anos de sua vida naquele ambiente.

As organizações estão infestadas de pessoas com essa mentalidade. A mentalidade MODO OFF esgota as energias dos membros da equipe, faz com que as pessoas visualizem apenas o negativo da empresa e das pessoas que, ali, trabalham, proporcionando um clima de ameaça, desconfiança, criando uma rede de intrigas.

Quer saber se os seus colaboradores estão na mentalidade MODO OFF?

Faça o seguinte: sugira algo novo e perceba a reação das pessoas. Se alguém responder:

– Não tem como, isso é impossível.

Pode ter certeza de que esse membro está na mentalidade MODO OFF. Observe se ele possui um desses comportamentos:

- Reclamação constante de tudo de todo mundo;
- Raiva ou frustração;
- Vitimização;
- Negatividade e falta de esperança.

A pessoa em MODO OFF enxerga que o problema é o mundo, sem perceber que, muitas vezes, o problema está dentro dela. Pode ser que tenha uma frustração na vida profissional ou pessoal, que ainda não tenha enxergado, mas somente ela é a responsável por qualquer mudança.

O LÍDER MODO ON precisa estar atento ao *Mindset* de sua equipe e, além disso, precisa trabalhar para auxiliar os seus colaboradores a expandirem a mentalidade, caso contrário, a mentalidade dos colaboradores poderá se tornar a realidade do líder.

Existem algumas atitudes que são cruciais e que auxiliarão o líder a transformar o *Mindset* da equipe:

- **NÃO RESOLVA OS PROBLEMAS DE SUA EQUIPE:** durante a sua vida profissional, você foi o responsável por resolver problemas, essa era a mentalidade, agora, como líder Modo On, precisa ter a clareza de que o seu papel é ser um líder desenvolvedor de pessoas e que auxilia as pessoas a encontrarem soluções para o que for preciso.

Para isso, todas as vezes que ouvir algum colaborador dizendo que não consegue resolver um determinado problema, faça alguma pergunta a ele, como por exemplo:

– Quais foram as ações realizadas para resolver o problema?

Ou ainda:

– Se tivesse uma maneira de resolver isso, de que forma seria?

Não se afobe, deixe os seus liderados pensarem nas respostas.

Há líderes que ficam angustiados pensando que precisam ser provedores de respostas, pois acreditam que, se não souberem responder, perderão o respeito da equipe. Na verdade, não é preciso ser bom em responder, é preciso saber fazer as perguntas-chave.

Você percebeu quantas perguntas foram feitas neste livro? Até neste momento, fiz 184 perguntas.

As perguntas servem como poderosas ferramentas que fazem as pessoas pensarem como nunca haviam pensado antes, são as perguntas que expandem a nossa mentalidade.

- **PROMOVA REUNIÕES CONSTANTES:** esteja perto da sua equipe, quando falta informação, sobra imaginação. A falta de comunicação desperta, nas pessoas, o processo da mente criativa disseminando histórias e fofocas que poderão, além de afetar o clima da empresa, diminuir a produtividade.

  Para isso, tenha o hábito de fazer, ao menos, uma reunião semanal, de 15 a 20 minutos apenas, para alinhar os pontos, os processos e dar direcionamentos.

- **ESTEJA PERTO DE SEUS LIDERADOS:** ao menos, uma vez a cada dois meses, tenha o hábito de conversar, por 15 minutos, com seus liderados, individualmente, para saber de seus projetos pessoais, de seus anseios e desejos.

Tenha a clareza de que você não é o salvador da pátria e de que não cabe a você resolver a vida de seus colaboradores, mas, ao ouvi-los, demonstrará interesse genuíno e despertará neles, o senso de pertencimento e importância. Fale com eles sobre metas de desenvolvimento pessoal e demonstre a importância de estar em constante aprimoramento.

- **AJUDE A SUA EQUIPE A EXPANDIR O *MINDSET*:** promova encontros com os membros da equipe para compartilhar trechos de livros que esteja lendo e que possam auxiliá-los no desenvolvimento pessoal. Incentive o Clube do Livro e a participação deles em treinamentos, eventos e palestras.

Tenha a certeza de que uma equipe em MODO *ON* proporciona o desenvolvimento e a evolução do líder.

COMO O RH PODERÁ AUXILIAR A TRANSFORMAR O *MINDSET* DA LIDERANÇA?

13

O RH tem um papel fundamental no desenvolvimento de novos líderes, no entanto nem sempre os profissionais de RH entendem ou estão preparados para entender que, quando um líder assume um cargo, leva um determinado tempo (às vezes anos) para ele compreender que o seu nível mudou e alterar a mentalidade.

Nesse estágio de transição, o RH começa uma saga de bombardeios que, muitas vezes, em vez de direcionar o novo líder, causa, nele, mais angustia e aflição.

Se sua empresa for organizada, peça para ver a sua descrição de cargos.

Cargos de liderança costumam ter tantas atribuições que, às vezes, é inviável a um humano conseguir dar conta de tudo o que deve e precisa fazer.

E o que o novo líder faz? Ele se cobra.

Mesmo sabendo que é impossível cumprir tudo o que é exigido dele, ele se cobra e, esse processo de autoculpar-se e autocobrar-se, eu e você já sabemos aonde vai parar: no **MODO *OFF*** ativado.

Comecei a minha carreira profissional na área de RH, por isso posso falar, com convicção, que, nós, profissionais dessa área, somos cobrados pela organização por criar as regras e fazê-las funcionar. Isso é algo que faz parte da descrição da nossa função e acabamos nos tornando especialistas em fazer cobranças.

Vou ser sincera, em minha época de RH, eu me tornei especialista em *Follow-up*. Graças a Deus que, naquela época, ainda não existia

WhatsApp, porque encontrava meios para localizar os líderes e fazer cobranças. Era só o líder me dever alguma planilha que achava meios de fazer com que ele ficasse em dia comigo. Nunca aconteceu, porque não tive oportunidade, mas, se eu estivesse numa festa e encontrasse a pessoa lá, era capaz de cobrá-la para enviar as planilhas, as avaliações de desempenhos, as férias, enfim, qualquer documento que estivesse me devendo.

Por um lado, existe o RH que precisa colocar a ordem na casa e fazer com que as coisas aconteçam, por outro, existe o novo líder que ainda está "sambando" para se adaptar à nova rotina, para dar conta de todas as atividades e desenvolver a equipe.

Dessa forma surgem as desavenças, o líder não vê o RH como a área que o auxilia a se desenvolver e a desenvolver os seus liderados, mas sim como uma área que faz cobranças e gera trabalho.

Uma vez, um líder, ao fazer a Avaliação de Desempenho da equipe, me disse que estava fazendo o meu trabalho. Na cabeça dele, quem deveria fazer isso era o RH, assim como aplicar advertências, motivar, etc.

Não, de forma alguma esse é o papel do RH, independente do porte da empresa. Esse é o papel do líder.

O papel do RH é auxiliar o líder na mudança do *Mindset*, para isso é fundamental entender como funciona a mentalidade de seus líderes, o que eles valorizam, do que eles têm medo, quais são suas crenças, seus valores, enfim, fazer raios X dessa média liderança para criar programas e estratégias alinhados com a sua realidade organizacional.

Por não compreender os líderes, o RH, muitas vezes, busca programas prontos para o desenvolvimento de pessoas. Esses programas, apesar de serem bons, não refletem a realidade dos líderes, por isso muitos deles não aderem e, em vez de enxergarem os treinamentos como oportunidades de desenvolvimento, avaliam-nos como perda de tempo e redução de produtividade. Sem mudar a mentalidade, não adianta treinar comportamento.

O RH pode promover um treinamento de comunicação e *feedback*, se o líder não avaliar que seja algo importante para o desenvolvimento da sua equipe, vai reclamar, dizer que já tem muitas atividades para fazer e não terá tempo de fornecer *feedback* para a equipe. É bem provável que, depois dessa queixa, o RH promova um treinamento de Gestão do Tempo o que fará com que o líder "perca mais tempo", já que não valoriza essas ações. No próximo convite, ele arrumará uma reunião ou alguma boa desculpa para não participar.

Sem mudar a mentalidade do líder o RH promoverá treinamentos, atenderá os indicadores da área, mas não conseguirá promover mudanças efetivas na organização, prevalecendo o antigo paradigma de que, na empresa, nada muda.

Muito mais que desenvolver pessoas, hoje, o RH é, dentro das organizações, o responsável por ajudar a expandir a mentalidade das pessoas, para isso é necessário criar ações e programas disseminadores de um *Mindset* **Modo ON**.

ALGUMAS IDEIAS QUE VOCÊ PODERÁ AJUSTAR E UTILIZAR EM SUA EMPRESA

- **Clube do Livro:** estimule seus líderes a adquirirem toda e qualquer literatura que trate de mudança de *Mindset*. Crie com eles um momento de partilha do que foi mais significativo em cada livro lido. O RH poderá fornecer os livros, definir uma data para a apresentação do ponto de vista de cada um. Essa apresentação também poderá ser em grupo, estimulando o trabalho em equipe e utilizando a criatividade.

- **Programa "Dê um Tempo a sua Mente":** sugira programas que auxiliem o líder a desligar a mente, como fazer atividades físicas, por exemplo. Muitas empresas, hoje, proporcionam aos seus colaboradores grupos de corrida; exercitar é uma excelente forma para descarregar as energias e renovar a mentalidade. Também é possível pensar em atividades que promovam hobbies ou utilizar a prática da meditação e de ioga.

- **Campanha "Pegue Leve com Você":** em um mundo onde a autocobrança se tornou item de série de qualquer colaborador, pense em como seria trabalhar em uma empresa que transmite a mensagem para você não se culpar, para diminuir a sua pressão interna e aprender a lidar com a sua inteligência emocional. O RH poderá fazer parcerias com profissionais da área da saúde mental e emocional para fazer palestras que forneçam dicas de como promover uma vida mais leve e mais feliz.

- **Horas Extras Zero:** há muitas organizações que, infelizmente, ainda valorizam a cultura de horas extras. É tão cultural que alguns colaboradores chegam a "enrolar", durante o dia, para trabalharem após o expediente, pois, se saírem em seus horários, eles serão *mal vistos* pela equipe. Faça um estudo do quanto as horas extras impactam os resultados de sua organização e o quanto a empresa poderá ganhar, se as pessoas puderem ter mais tempo para curtir suas vidas, suas famílias e ter hobbies, além de, simplesmente, trabalhar. Os números e gráficos são excelente aliados para a mudança de cultura.

- **Coaching, em grupo, para a Média Liderança:** o Coaching é, hoje, sem dúvida, uma das melhores alternativas para o desenvolvimento de pessoas, isso porque a metodologia proporciona aos participantes a compreensão da sua forma de pensar, de ver o mundo e de acelerar as mudanças de comportamento. Faça um investimento, em coaching, para a média liderança, em grupo. As pessoas da alta gestão nunca se sentirão tranquilas em um coaching em grupo, pois não ficarão à vontade para exporem as suas limitações, mas a média liderança, sempre tão sufocada, enxergará o investimento como uma forma de mudança e oportunidade de crescimento, sem contar que, quando um líder enxerga que o outro sofre da mesma dor que ele, sente alívio e também entendimento.

- **Novas Ideias:** crie programas de sugestões de novas ideias para a liderança, assim, você irá estimular a contribuição e a iniciativa dos líderes, buscando melhorias e alavancando resultados. Uma excelente ideia é propor estudo de casos das áreas da empresa, avaliar alguma que esteja passando por momentos difíceis e reunir todos para buscarem soluções. Não se esqueça de que, depois das ideias, deverá criar ações para a implementação das mesmas.

- **Programa "Se eu fosse você...":** organize um programa em que os líderes possam trocar de lugares com os seus pares, dessa forma, cada um poderá compreender as dificuldades que cada área tem no dia a dia. Além de ser um excelente exercício de empatia, esse programa auxiliará os envolvidos a expandirem a mentalidade e a obterem mais conhecimentos.

- **Líderes e liderados:** elabore programas que incentivem o líder a ficar mais próximo de seus liderados, a valorizar a contribuição do colaborador para a organização, para o time e despertar neles o sentimento de pertencimento. Como por exemplo, no dia do aniversário de um colaborador, o líder poderá fornecer-lhe um cartão personalizado ou ter uma ação mais humana e ir almoçar com esse liderado.

- **Dia da Gratidão:** institua, na empresa, o dia da Gratidão. Oportunidade de os colaboradores perceberem os pontos positivos que a empresa oferece, despertando, neles, o orgulho de pertencer àquele local. Você poderá realizar essa atividade através de quadros distribuídos na empresa, onde cada colaborador poderá escrever dois bons motivos pelos quais vale à pena trabalhar ali, ou poderá, também, criar a ideia do Café Compartilhado sobre o qual já foi falado no capítulo agradecer.

- **Trabalhos Voluntários entre os** Líderes: ao menos, duas vezes por ano, promova uma ação solidária. Escolha alguma instituição que melhor se identifica com a sua empresa, avalie de quais recursos materiais e financeiros a instituição necessita e solicite-os aos líderes. No entanto busque o engajamento para que todos possam estar presentes na entrega dos itens. Muito mais que auxiliar, financeiramente, é proporcionar, ao líder, o momento de doar o seu tempo em prol dos mais necessitados. Essa ação, além de praticar a empatia na liderança, promoverá a integração dos líderes, eliminará os conflitos e desenvolverá a humanização da Liderança.

Percebeu quantas ações você poderá promover a partir das ideias acima? O melhor de tudo é que, excluindo o programa de coaching que necessita de um investimento financeiro para acontecer, as demais ideias só precisam de iniciativa e boa vontade.

DETOX DA LIDERANÇA: SETE DIAS PARA MUDAR A SUA MENTALIDADE

14

Você já deve ter ouvido o termo detox, não é mesmo? Talvez até tenha feito detox, alguma vez, em sua vida.

Detox significa "processo de desintoxicação" que é um conjunto de diversas estratégias, entre elas a alimentação, para ajudar o corpo a funcionar melhor e eliminar as toxinas.

Para a mudança de nosso *Mindset* também é necessário realizarmos um detox. Apesar de os alimentos terem a sua importância no funcionamento de nosso humor e de nossas emoções, não oferecerei um cardápio a ser seguido, mas, um plano de hábitos que, se você seguir por sete dias, promoverá ganhos imensuráveis em sua liderança.

Já pensou em ser um líder com quem a sua equipe sente orgulho de trabalhar?

Já pensou em terminar o seu dia de trabalho sentindo orgulho de si mesmo?

Já pensou em ter mais qualidade de vida e tempo para curtir as pessoas que você ama?

Já pensou em aprender novos conceitos e crescer ainda mais em sua carreira?

Quanta coisa boa, não é mesmo? Basta seguir o plano e depois me contar os resultados, combinado?

1º Dia – Sábado:
Permita-se ser Feliz

No primeiro dia do DETOX, todo o seu foco será voltado para você, nas coisas que gosta de fazer e que lhe proporcionam felicidade, mas que, pela correria da vida, não faz há muito tempo.

Para você ter uma ideia, fui correr às 9 horas da manhã, em um sábado, sem relógio e ouvindo música, algo tão simples, mas que me proporcionou muita felicidade. Depois de dez anos praticando essa atividade, coloquei tantas regras na corrida que transformei algo que amava em um dever chato de ser cumprido: precisava correr às 6 horas, melhorar o meu tempo e nada poderia roubar o meu foco. Pergunto: para quê? Criei uma tortura interna desnecessária, fazendo com que a corrida perdesse a graça e o sentido para mim. Nesse dia, no entanto, deixei os meus sabotadores em casa e fui leve e solta ser feliz!

E você? Lembrou-se de algo que o tenha deixado feliz? Pode ser qualquer coisa, como: assistir a um filme, ir ao cinema, sair para tomar sorvete, comprar uma roupa nova, *maratonar* uma série no netflix, dormir a tarde toda.... Qualquer coisa que o faça feliz.

No final do dia, registre, em um caderno, qual foi o sentimento que teve ao dar atenção e realizar as vontades da pessoa mais importante: VOCÊ MESMO.

2º Dia – Domingo:
Planeje sua Semana

Não desejo que você trabalhe até aos domingos, ao contrário, minha intenção, ao escrever este livro, é proporcionar-lhe uma vida com mais qualidade e é, justamente, pensando nisso que, neste dia, deverá reservar 15 minutos (não mais que isso) para fazer a sua programação semanal.

Coloque, em sua agenda, as atividades pretendidas e defina qual será a que fará na primeira hora da segunda feira. Releia o Capítulo 5, Trocando o CHIP, a parte dos hábitos servirá de inspiração para esse exercício.

Lembre-se de anotar, em seu caderno, qual foi o sentimento que teve ao deixar a sua semana programada.

3º Dia – Segunda-Feira: Desenvolva as Pessoas

A semana começou e seu foco deve ser o Desenvolvimento das Pessoas. Visto que é um Líder Modo *On*, escolha uma pessoa de sua equipe para quem vai fornecer um *feedback*. Utilize o capítulo 9, Agradecer, para auxiliá-lo nessa missão.

Lembre-se de que o *feedback* deverá ser generoso, verdadeiro, inspirador, portanto elogie, agradeça a contribuição e, se tiver pontos que precisam de melhoria, oriente para que o seu colaborador possa, também, se desenvolver.

No final do dia, anote, em seu caderno, o sentimento que teve ao realizar essa atividade. Avalie se houve melhorias de sua parte para conduzir um próximo *feedback*.

4º Dia – Terça-Feira:
Delegue

Esse será o dia de dividir as responsabilidades. Não precisamos fazer tudo sozinho, o mundo está cercado de pessoas de boa vontade querendo nos ajudar, é só acreditar, pedir e orientar, por isso, no dia de hoje, deverá escolher uma atividade para delegar a um de seus colaboradores.

É importante saber que, ao delegarmos, delegamos a atividade e não a responsabilidade, ou seja, ainda é sua responsabilidade garantir que a atividade seja feita, apesar da execução ser de um terceiro.

Sendo assim, oriente, corretamente, como a pessoa deverá fazer, informe a importância da atividade e combine com ela o prazo da finalização. Fique disponível para sanar as dúvidas e fornecer mais orientações.

No final do dia, anote, em seu caderno, o sentimento que teve ao realizar essa atividade. Análise se há melhorias de sua parte para delegar, novamente, uma atividade a outros colaboradores.

5º Dia – Quarta-Feira:
Crie Algo Novo

Esse é o dia para trabalhar a criatividade e a Inovação. Reúna a sua equipe e faça um gostoso *Brainstorming* (tempestade cerebral, toró de palpites) utilizando a seguinte pergunta:

– Se os recursos financeiros e o tempo não fossem limitados, o que poderíamos fazer de diferente em nosso setor e na nossa empresa?

Anote todas as ideias e, depois, avalie quais delas são possíveis de realização.

Não se esqueça de anotar, em seu caderno, o sentimento que teve ao realizar essa atividade.

6º Dia – Quinta-Feira: Mude

Hoje, é dia da mudança, permita-se sair de sua rotina.
Escolha:

- Fazer um caminho diferente;
- Usar roupas que não tem o hábito de usar;
- Experimentar um novo alimento;
- Frequentar outro ambiente;
- Almoçar com alguém diferente;
- Mudar o *layout* do seu espaço de trabalho;
- Fazer uma aula experimental de Ioga, dança de salão, meditação, corrida, pintura, bordado, costura, etc;
- Cadastrar-se no Tinder (Se você for solteiro(a), ok?);
- Convidar alguém para sair;
- Levar o seu par a um jantar romântico.

Experimente algo novo! Atreva-se. Essa é a única regra do dia.

Não se esqueça de anotar, em seu caderno, o sentimento que teve ao realizar essa atividade.

7º Dia – Sexta-Feira:
Agradeça e Reconheça.

Final de semana chegando e, com ele, aquela vontade de aproveitar a vida. Aproveite o dia, de hoje, para agradecer e reconhecer aqueles que estiveram com você a semana toda.

Uma vez, li a seguinte frase: Um bolo transforma uma casa em lar. Ele também tem o poder de transformar um grupo em equipe, por isso leve um bolo para a sua e diga que é para agradecer pelo bom trabalho da semana. Reforce os pontos positivos de cada colaborador e, se precisar de inspiração, volte ao capítulo 9, Agradecer.

Não se esqueça de anotar, em seu caderno, o sentimento que teve ao realizar essa atividade.

E agora?

Foi fácil, não foi? Agora, repita esse plano por mais duas semanas.

Sei que é esperto(a) e fez as contas. Esse DETOX durará 21 dias. Deve estar se perguntando, por que a Damaris não escreveu, no capítulo, que duraria 21 dias.

Se tivesse informado que deveria fazer um detox de 21 dias, sua mente poderia convencê-lo(a) de que era muito tempo e você poderia cair na armadilha de nem fazer o desafio. Por outro lado, sete dias é um tempo possível e, além de atrativo, quem não quer mudanças em tempo rápido, não é mesmo?

O efeito, porém, está em realizá-lo por 21 dias. Ninguém está, inteiramente, certo de onde a Regra dos 21 Dias se originou. Um dos pioneiros foi o cirurgião plástico e psicólogo Maxwell Maltz, em 1960. Ele relatou que seus pacientes notavam as mudanças, nas cirurgias, apenas após 21 dias da operação, e registrou, no livro, *Psicocibernética,* que 21 dias é o tempo que o cérebro precisa para se adaptar a uma mudança. Em 1983, o artigo *Three Weeks to a Better Me*, na Reader's Digest, relatou os esforços de uma mulher em não criticar nada durante três semanas. No Livro, *O Poder do Hábito*, Charles Duhigg considera que são necessários 21 dias de repetição de uma ação para que ela se torne um hábito. Claro que existe a individualidade de cada um que pode levar a uma variação, pois existem pessoas que conseguem instalar um novo hábito antes de 21 dias. Para não ficar na dúvida, pratique algo por 21 dias.

Há um poder imensurável quando mudamos a nossa forma de pensar, porém a verdadeira mudança acontece quando conseguimos transformar a nossa mentalidade através de nossos hábitos, portanto PRATIQUE e colha bons resultados!

ALINHANDO O *MINDSET* DO LÍDER MODO *ON*

15

Tenho certeza de que, até este momento do livro, você teve vários *insigths* e muito conteúdo está fazendo sentido para você.

Agora, quero propor uma reflexão que, na verdade, é uma ferramenta poderosa da Programação Neurolinguística, desenvolvida por Robert Dilts, um dos grandes nomes da PNL, que irá proporcionar transformação e clareza na mudança de seu *Mindset*, está preparado?

Inicialmente, definiremos a sua identidade. Identidade é quem você é. De acordo com a sua identidade, você define em que acredita, quais os valores, as capacidades e os comportamentos que tem.

Se for casado(a), este exemplo vai fazer muito sentido. Você se lembra de que, quando era solteiro(a), o seu estado cível era solteiro(a), logo essa era sua identidade também. Como solteiro(a), acreditava em um conjunto de valores e tinha comportamentos inerentes a essa identidade, mas, quando se casou, precisou mudar a sua mentalidade, alterar os seus valores para que pudesse viver de acordo com a sua nova identidade.

No processo de liderança, é exatamente a mesma coisa. Quando era um excelente profissional, tinha um conjunto de crenças e valores que era inerente àquela identidade que você tinha. Como líder, agora, deve ter um conjunto de crenças, valores e comportamentos inerentes ao seu papel de líder.

A partir de agora, você é um Líder Modo *On*, essa é a sua nova identidade.

Como líder **MODO ON**, em que você acredita?

Acredita que algo seja possível ou impossível, necessário ou desnecessário. Por exemplo, você acredita que as pessoas podem se desenvolver, acredita na capacidade das pessoas, acredita que as pessoas mudam, quais são as suas crenças?

_____

_____

_____

_____

Sendo um Líder **MODO ON,** o que você é capaz de fazer?

Por exemplo, você é capaz de inspirar as pessoas, você é capaz de fornecer feedbacks assertivos, você é capaz de elogiar e agradecer a sua equipe? O que mais você é capaz de fazer?

_____

_____

_____

_____

Sendo um **LÍDER MODO ON,** quais são os comportamentos que você deve ter diariamente?.

Por exemplo, dar _feedbacks_ todas as vezes que for necessário, fazer reuniões de alinhamentos com a equipe, promover momentos de alegria e leveza para a equipe. Quais são as outras ações e comportamentos que você pode ter diariamente?

_____

_____

_____

_____

Em que lugares e com quais pessoas você exercerá a sua liderança MODO *ON*?

_____

_____

_____

_____

Agora, que você alinhou o seu *Mindset* e ativou o seu Modo *On*, vá e viva a sua vida de acordo com os seus valores, afinal, nada, na vida, pode se comparar à realização de viver e saber que fez o que acredita ser a coisa certa.

A HISTÓRIA DA HISTÓRIA

16

Se você chegou até aqui, eu entendo que você gostou do livro, estou certa?

Você imagina quantos dias eu levei para escrever esse livro? Tem noção de quanto tempo se leva para escrever?

Para eu responder essa pergunta, me permita contar uma história.

Em novembro de 2018 tive a oportunidade de assistir, pela primeira vez, ao evento The Global Leadership Summit. Entre tantas palestras, conteúdo, insights e aprendizado, uma frase dita pelo Coach John Maxwell, trouxe uma luz à minha consciência.

Em sua fala, John disse que quando atingimos o máximo do nosso potencial nos deitamos no chão da sala de Deus.

Acredito que nunca havia ouvido algo que fizesse tanto sentido para mim, no final de sua palestra eu fiz a seguinte anotação:

"Eu quero escrever o meu livro e transformar o maior número de pessoas. Quero que as pessoas sintam que elas podem ser mais e melhores, que elas possam se conectar com suas forças interiores, fortalecer e potencializar cada dia mais e assim proporcionar que outras pessoas também se conheçam e se potencializem ainda mais. Quero criar o movimento".

Até aquele momento eu não tinha ideia do que escrever, apenas sentia em meu coração esse desejo de propagar ao mundo que podemos viver mais leves e mais conectados com a nossa essência.

Alguns dias depois, fui ministrar uma palestra no SENAC de Americana sobre Liderança Modo On, esse era o tema que estava trabalhando desde fevereiro de 2018. Era um assunto que despertava muito o interesse do meu público, mas até então eu nunca havia pensado em transformá-lo em livro. Até que, naquela noite algo diferente aconteceu. No final de minha palestra eu havia vendido quatro processos de Coaching e o interessante é que, em nenhum momento eu havia feito um apelo às vendas, então o que motivou as pessoas a contratarem o meu trabalho? Elas se identificaram com o conteúdo, era exatamente o que elas estavam vivenciando naquele momento.

Foi então que uma luz se acendeu em minha cabeça, sinto que tive o meu momento Aha! Aquele momento de criatividade. Não pensei duas vezes, entrei em contato com o Editor e falei minha ideia, quando terminei de falar ele me perguntou:

– Você já tem esse livro escrito?

Não. Eu apenas tinha os slides da apresentação, no entanto minha resposta foi:

– Tenho todo conteúdo, só preciso finalizar algumas ideias – (no caso, do primeiro ao último parágrafo).

– Vamos fazer assim, vou sair de férias, então finaliza o que você precisa. E, em janeiro você me escreve que iremos avaliar a sua proposta. – Foi a resposta dele.

Desliguei o telefone feliz da vida e decidi que também iria sair de férias e na volta daria início ao processo de escrita.

Dia 10 de janeiro de 2019 retornei das férias e comecei a escrever, na ocasião eu havia pensado em escrever apenas 2 capítulos e elaborar a estrutura do livro, assim enviaria o projeto para editora e finalizaria o restante depois, mas algo mágico aconteceu. À medida em que comecei a escrever eu entrei em estado de *flow*, quanto mais escrevia, mais as ideias surgiam e a cada dia eu via o livro ganhando vida. Fazia muito tempo em minha vida que não me sentia tão empoderada, conectada comigo mesma, com as minhas ideias, meus talentos e meu potencial criativo. Minha postura estava diferente, minhas convicções já não eram mais as mesmas, a minha fé havia aumentado. Pela primeira vez em minha vida senti que me deitei no chão da sala de Deus.

Foram 21 dias, isso mesmo, apenas 21 dias para escrever esse livro do começo ao fim. Foi o suficiente para me convencer de que, quando temos foco e canalizamos a nossa energia, tudo é possível.

Eu provei para mim e para você de que *Tudo É Possível*, aos que creem, aos que possuem boa vontade, aos que expandem a mentalidade e aos que fazem acontecer, agora o que eu desejo de todo coração é que você também ative a sua melhor versão, explore o máximo de seu potencial, deite no chão da sala de Deus e viva o seu #modoon. Sucesso e nos vemos por ai!

Agradecimentos

17

Há uma frase intitulada ao Moralista Joseph Joubert que diz o seguinte quem ensina aprende duas vezes. Ao escrever esse livro, senti que vivenciei os seis A's da Inteligência Persuasiva, e não posso finaliza-lo sem reconhecer e agradecer as pessoas que me acompanham e me dão diariamente inspiração para buscar pelo meu desenvolvimento pessoal e que me deram a base para que mais esse sonho fosse realizado.

Aos meus clientes, por permitirem experimentar o processo de Coaching, utilizando as técnicas apresentadas neste livro. Por expandirem a mentalidade, me mostrando que verdadeiramente é possível ter uma vida mais plena e feliz.

Ao meu pai José Alfredo, que mesmo aos 80 anos me ensina que sempre é possível aprender, se desenvolver e mudar a mentalidade. Pai, aprendo muito com você, o Senhor é o meu Mentor e Coach, muito obrigada por ser quem o Senhor é.

A minha família (Pais, irmãos, cunhados, sobrinhos, sogros). Muito obrigada, por serem a minha base. Sei que sou uma pessoa fora da caixa e agradeço de coração que mesmo sem entender as minhas escolhas, sinto que sou respeitada, amada e tenho o apoio incondicional de vocês. Minha gratidão.

A Brenda, minha sobrinha de sangue, assistente pessoal de profissão e filha do coração, muito obrigada por ouvir esse livro do começo ao fim, por fazer as primeiras ilustrações e por sinalizar que eu estava no caminho certo.

Aos meus amigos de profissão e aos amigos de coração (Bruna, Thalita, Manoela, Kátia, Rosana, Tatiane, Clarissa, Rosangela, Edilaine, Eliane, Cristina, Creuza, entre tantos outros), agradeço imensamente a todas as partilhas, apoio e incentivo. Sei que sou uma pessoa privilegiada por ter tantas pessoas de bem a minha volta e agradeço diariamente a Deus por isso.

Ao Sergio, Alexandre e a toda família da DVS Editora por acreditarem e apostarem juntamente comigo neste projeto.

E por fim, no entanto o mais importante agradecimento:

Ao Anderson, meu esposo, amigo, parceiro e companheiro e por sempre fazer dos meus sonhos os seus. Meu amor e minha gratidão a você.

www.dvseditora.com.br